Andrea Christiansen

Das Balu-Prinzip

Über dieses Buch

Manchmal gleicht unser Alltag einem Überlebenskampf im Dschungel: Der Chef, der Partner, die Ehefrau oder die Kinder fordern Leistung, Aufmerksamkeit und Liebe ein – am besten sofort. Dann gilt es, einen kühlen Kopf zu bewahren und sich nicht aus der Ruhe bringen zu lassen. Wie Sie das bewerkstelligen können, zeigt die erfahrene Stresstherapeutin und Heilpraktikerin Andrea Christiansen. Mit den weisen Ratschlägen von Balu dem Bären, aufschlussreichen Persönlichkeitstests, entspannenden Meditationen und praktischen Übungen ist die Orientierung im persönlichen Dschungel bald kein Problem mehr. Bringen Sie mit Balu mehr Gemütlichkeit in Ihr Leben!

Über die Autorin

Andrea Christiansen ist Heilpraktikerin und leitet seit über zehn Jahren die »Praxis für Psychosomatik« in Hamburg. Sie behandelt schwerpunktmäßig psychosomatische Erkrankungen und Stresssyndrome wie z. B. Angststörungen. Ihre Ausbildungen in EFT *(Emotional Freedom Techniques)*, NLP *(Neuro-Linguistisches Programmieren)*, Psychokinesiologie und medizinischer Hypnose ermöglichen es ihr, die Therapiezeiten gering zu halten, sodass der Patient schnell wieder zu einem selbstbestimmten und gesunden Leben zurückkehren kann.
Frau Christiansen ist verheiratet und hat zwei Söhne.
Weitere Informationen unter www.andrea-christiansen.de

Andrea Christiansen

Das Balu-Prinzip

*Versuch's mal
mit Gemütlichkeit*

nymphenburger

© 2008 nymphenburger in der
F. A. Herbig Verlagsbuchhandlung GmbH, München
Alle Rechte vorbehalten.
Umschlaggestaltung: Atelier Sanna, München
Satz: Noch & Noch, Balve
Gesetzt aus 11/14 pt. Sabon
Druck und Binden: fgb · freiburger graphische betriebe
Printed in Germany
ISBN 978-3-485-01141-9

www. nymphenburger-verlag.de

Inhalt

Vorneweg

Ich war gerade mal wieder irre im Stress. Jeder wollte etwas von mir, und es sollte möglichst gestern fertig werden. Zeit für eine Entspannung oder einen Tag mal nur für mich – das war überhaupt nicht drin.

Wie es so ist, im Stress lässt die Aufmerksamkeit für die Umgebung nach, und prompt hatte ich mich verlaufen. Überrascht stellte ich fest, dass mich mein Weg zu meinem alten Freund Balu geführt hatte. War das ein Wink meines Unterbewusstseins?

»Lange nicht gesehen!«, brummt Balu etwas vorwurfsvoll. Doch als ich ihm meine Geschichte erzählte, brach er in schallendes Lachen aus.

»Wann lernst du es endlich? Versuch es doch mal mit Gemütlichkeit! Bleib hier, bei mir in meinem Dschungel. Hier geht es viel gemütlicher zu«, meinte er, als er sich langsam beruhigte und endlich wieder Luft bekam.

Doch ich schlafe lieber in einem richtigen Bett und nicht zwischen Käfern und Schlangen. Bevor ich nach Hause ging, hat Balu mich jedoch eine Weile im Dschungel herumgeführt und mir viele Dinge erklärt. Auch die wahre Geschichte von Mowgli – dem Menschenjungen, der unter Wölfen lebte – hat er mir erzählt.

Ja, und ein Lied haben wir auch gedichtet. Hier ist es:

Wenn Affenhände nach dir greifen,
wollen dich in Stücke reißen
– versuch es mit Gemütlichkeit.

Jagt dich der Tiger durch den Wald,
du denkst: »Mein Gott, ich werd nicht alt!«
– versuch es mit Gemütlichkeit.

Wenn alle etwas von dir wollen,
dir wegen jeder Dummheit grollen
– versuch es mit Gemütlichkeit.

Refrain:
Gemütlichkeit ist eine Lust,
vertreibt die Trauer und den Frust,
schenkt dir ein Herz so warm und rein,
ein jeder will dein Freund dann sein.

Gemütlichkeit ist Lebenssinn,
mit ihr bekommst du alles hin.
Sie schenkt dir eine frohe Zeit
– versuch es mit Gemütlichkeit.

Dein Chef, er droht dich zu entlassen,
der Nachbarhund scheint dich zu hassen
– versuch es mit Gemütlichkeit.

Die lieben Kinder, ach! sie stressen,
und ständig woll'n sie Süßes essen
– versuch es mit Gemütlichkeit.

Du wolltest mal schick shoppen gehen,
doch leider ist kein Geld zu sehen
– versuch es mit Gemütlichkeit.

Refrain:
Gemütlichkeit ist eine Lust,
vertreibt die Trauer und den Frust,
schenkt dir ein Herz so warm und rein,
ein jeder will dein Freund dann sein.

Gemütlichkeit ist Lebenssinn,
mit ihr bekommst du alles hin.
Sie schenkt dir eine frohe Zeit
– versuch es mit Gemütlichkeit.

Du bist frustriert vom Rennen, Hetzen,
die Nerven hängen dir in Fetzen
– versuch es mit Gemütlichkeit.

Denkst du, das Leben ist zu schwer,
und wärst du gern ein Dschungelbär
– versuch es mit Gemütlichkeit.

So kommt das Lied hier nun zum Ende,
wir klatschen fröhlich in die Hände
– und leben in Gemütlichkeit.

Refrain:
Gemütlichkeit ist eine Lust,
vertreibt die Trauer und den Frust,
schenkt dir ein Herz so warm und rein,
ein jeder will dein Freund dann sein.

Gemütlichkeit ist Lebenssinn,
mit ihr bekommst du alles hin.
Sie schenkt dir eine frohe Zeit
– versuch es mit Gemütlichkeit.

… und nun geht es los!

»Versuch's mal mit Gemütlichkeit«

... dies rät Balu der Bär, der im Dschungel die Aufgabe hat, die jungen Wölfe zu unterrichten und sie die Gesetze des Dschungels zu lehren.

Balus Freund Mowgli – der als kleiner Junge von Shir Khan dem Tiger verschleppt und von den Wölfen gerettet wurde, ist vom Wolfsrudel aufgenommen worden. Er ist das einzige Menschenkind, das unter den Tieren des Dschungels lebt. Gerade für ihn, den Schwächsten von allen, ist es besonders wichtig, immer einen kühlen Kopf zu bewahren und den Überblick zu behalten.

So singt Balu für Mowgli das Lied von der Gemütlichkeit und erklärt ihm auf diese Weise, dass jegliche Hektik völlig sinnlos ist und nur Kräfte zehrt, die man anderswo gewinnbringender einsetzen kann.

So wie Mowgli geht es vielen von uns. Wir sehen uns dem Ernst des Lebens in vielerlei Form ausgesetzt: Wir müssen Geld verdienen, die Familie ernähren, Freundschaften pflegen, um nicht einsam zu werden, im Beruf unseren Mann oder unsere Frau stehen und uns vor den Raubtieren in Acht nehmen, die uns in vielerlei Verkleidung auf den Fersen sind.

Derart unter Druck gesetzt eilen wir durch das Leben, ohne dieses wirklich genießen zu können. Wir kennen uns selbst nicht mehr, verleugnen unsere Wünsche und Bedürfnisse und versuchen unter Einsatz all unserer Kräfte, den Anforderungen unserer Welt zu genügen.

Bald sehen wir den Wald vor lauter Bäumen nicht mehr.

Wie gut, dass es auch für uns einen Balu gibt. Vertrauen wir uns seiner Führung an, so werden wir in unserem eigenen Alltagsdschungel wieder die Gemütlichkeit entdecken.

Gemütlichkeit – was ist denn das?

Schauen wir ins Online-Lexikon Wikipedia, finden wir folgende Definition:

»Gemütlichkeit, abgeleitet von Gemüt, ist ein subjektiv empfundener Gemütszustand des Wohlbefindens, ausgelöst durch subjektiv determinierte materielle Verstärker und/oder Situationen. [...]
Gemütlichkeit kennzeichnet zugleich eine dem Menschen freundliche, warme Atmosphäre und Umgebung, in der man sich wohlfühlt. Sie ist gekennzeichnet von Ruhe, Ausgeglichenheit und Geborgenheit, Freiheit von Konflikten und Sorgen. Sie bringt Ruhe in die Hektik. Gemütlichkeit verträgt keine Aufregung, keinen Streit, keine sich aufdrängenden Sorgen.«

Als Kind gab es für Sie Tage ohne Ende, Nächte voller Abenteuer, Bäume, Höhlen, Zauberer, Drachen, Prinzen und Prinzessinnen. Es gab jede Menge Geborgenheit und Gemütlichkeit.

Der Dschungel lockte mit seinem Zauber: Sie konnten es kaum erwarten, erwachsen zu werden. Sie konnten es kaum erwarten, diesen Zauber zu entdecken, in ihn einzutauchen, all seine Verlockungen zu genießen, die süßen Beeren zu ernten.

Sie spielten mit Ihren Kameraden mögliche Gefahren durch, die genauso aufregend und verlockend zu sein schienen. So wie junge Tiere im Dschungel spielend lernen, sich zu verstecken oder zu verteidigen, ihre Beute zu jagen und zu erlegen. Sie waren der Held, der Retter, der gute Geist, der Tiger, die Schlange, das Krokodil, genauso wie das Opossum, die Antilope, der Nasenbär, das Erdhörnchen. Sie konnten alles sein, und alles war am Ende gut.

Balus Bärenhöhle befand sich in Omas Küche, wo es so herrlich duftete und immer etwas Leckeres auf Sie wartete, wo Gemütlichkeit und Sicherheit eins waren.

Es gab keine Hetze, keinen Zeitdruck. Gut, es gab die Schule, die Zeugnisse, die mal drohend von mangelndem Einsatz berichteten, mal zuckersüß den Sommer verschönten, weil gute Noten vielleicht mit dem Urlaub auf dem Ponyhof belohnt wurden. Doch die Schule war in den meisten Fällen das Spiel um den Ernst, um die Anforderungen des Dschungels. Der Lehrer konnte gefährlich wie ein Tiger sein, wirklich beißen hingegen durfte er nicht. Und sollte er doch einmal seine Macht ausgeübt und bewirkt haben, dass Sie eine Ehrenrunde drehen, so hatte das eigentlich das Spiel nur verlängert; er hatte Ihnen mehr Zeit gegeben, sich auf den echten Dschungel vorzubereiten.

Die anderen Dschungelkinder sahen die Welt mit den gleichen Augen. Sie tollten am Fluss herum, spielten den Affenkindern Streiche und abends ging es zurück in die Höhle, in die Gemütlichkeit.

Und dann, fast über Nacht, war alles anders. Sie standen nun tatsächlich mitten im Dschungel. Nur die Verlockungen entpuppten sich nicht so sehr als süße Früchte, sondern als Anstrengungen und Belastungen. Plötzlich sehnten Sie sich zurück nach der alten Gemütlichkeit. Plötzlich sahen Sie die Vorstellungen der Kinderwelt in einem anderen Licht. Der Tiger machte mit einem Mal wirklich Jagd auf Sie, auf Ihre Kraft, Ihre Integrität, Ihr Selbstwertgefühl, Ihre Träume.

Gibt es ein Zurück?

Nicht ganz. Die Zeit und die damit verbundenen Erfahrungen können wir nicht rückgängig machen. Aber wir können sie nutzen. Mit ihnen ist es möglich, wieder Gemütlichkeit zu schaffen.

Auch Balu der Bär war erst einmal ein kleiner Bär, der mit seinen Freunden spielte und viele Träume hatte. Doch es gelang ihm, die Gemütlichkeit in seinem Leben zu erhalten, als er zu einem großen Bären heranwuchs. Er bleibt stets gelassen. Er erlaubt sich Genuss und Freude. Er singt ein Lied, wenn andere jammern und klagen. Dabei verliert er nie sein Ziel aus den Augen und gibt sogar mal eine Schwäche zu. Als die Affen Mowgli entführen, erkennt er, dass er zu alt und zu langsam ist, und lässt Baghira, den schwarzen Panther, vorauseilen. Er ist jedoch immer bereit, alles zu geben, sich bei aller Gemütlichkeit auch anzustrengen. Gemütlichkeit ist keine Faulheit! Sie ist eine Lebensart, die frei von unnötigem Stress zum angestrebten Ergebnis führt.

Balu will Ihnen nicht nur sein Lied vorsingen. In diesem Buch will er Ihnen ganz konkret und praktisch eine Anleitung liefern, wie Sie heil und gesund, glücklich und zufrieden in Ihrem Lebensdschungel zurechtkommen. Er führt sie auf den Pfad der Gemütlichkeit. Er zeigt Ihnen, wie Sie die Affen, die Ihr Leben durcheinanderwerfen wollen, einfach austricksen.

Gemeinsam mit Balu kreieren Sie sich Ihre Bärenhöhle, in der Sie entspannen, sich von der Hektik zurückziehen können. Und am Ende sind Sie der Sieger über den Tiger und stehen mit beiden Beinen gelassen im Leben.

Gemütlich den Tag beginnen

»Morgenstund' hat Gold im Mund« – eine alte Weisheit, die heute oft nur mit Ungläubigkeit und Kopfschütteln als überholt betrachtet wird. Was soll denn an einem Morgen schön sein? Meistens ist es doch noch dunkel, kalt und ungemütlich? Oder genießen Sie etwa den frühen Morgen? Hält er Gold für Sie bereit?

Wie es meistens ist

Wenn morgens der Wecker klingelt, bleiben Sie entweder so lange liegen, bis es allerhöchste Zeit ist, endlich aufzustehen, oder die Zeit ist sowieso schon knapp bemessen: Sie springen aus dem Bett, eilen durchs Bad und flitzen aus der Tür. In beiden Fällen beginnt die Hektik bereits vor dem Aufstehen. Noch während Sie die weiche Decke einhüllt wissen Sie, gleich wird es stressig, denn der Tag verlangt nach Ihnen.

Das Liegenbleiben ist ein vergeblicher Versuch, den Tagesbeginn hinauszuzögern. Genießen können Sie das warme Bett ja doch nicht mehr. Die Vögel vor dem Fenster zwitschern es laut hinaus: Der Dschungel ist erwacht. Stehen Sie auf!

Gehören Sie eher zum zweiten Typ, der den Wecker sehr knapp stellt und sich dann beeilen muss, ist das Ergebnis das gleiche: Die goldenen Geschenke des Morgens sind verloren. Noch nicht ganz wach und weit davon entfernt, bei sich zu sein, eilen Sie dem Tagwerk entgegen.

Die meisten alleinstehenden Arbeitnehmer lassen morgens das Frühstück ausfallen, und auch viele Menschen mit Familie hetzen ohne etwas zu essen und zu trinken aus dem Haus. Oft wird unterwegs oder am Arbeitsplatz nebenbei ein Becher Kaffee getrunken und ein halbes Brötchen gegessen, ohne dass man sich dessen recht bewusst wird. Das Bewusstsein ist schon auf die Arbeit ausgerichtet oder noch im Tiefschlaf. Wie verhalten Sie sich? Machen Sie doch einfach den Test!

Welcher Morgentyp bin ich?

1. Ein neuer Tag beginnt ...

   ❏ Ich wache auf, strecke mich genüsslich
   und springe dann voller Elan aus dem Bett.   *3 Punkte*
   ❏ Ich stehe auf, auch wenn ich mich
   überwinden muss.   *2 Punkte*
   ❏ Ich ziehe mir die Decke über den Kopf und
   hoffe, die Nacht kommt zurück. Oh Grauen!
   Oh Verzweiflung, nicht schon wieder
   ein neuer Tag!   *1 Punkt*

2. Sie müssen um 7.00 Uhr aus dem Haus, um zur Arbeit zu gehen. Um 6.00 Uhr klingelt Ihr Wecker. Was tun Sie?

   ❏ Ich bin schon auf, denn ich liebe den
   frühen Morgen.   *3 Punkte*
   ❏ Ich stehe jetzt auf, weil ich muss.   *2 Punkte*
   ❏ Ich stelle den Wecker so ein, dass er in
   zehn Minuten nochmals klingelt.   *1 Punkt*

3. Wie gestaltet sich Ihr Frühstück?

   ❏ Ich koche mir Tee/Kaffee und esse ein Brot,
   Müsli etc.   *3 Punkte*
   ❏ Ich trinke kurz etwas im Stehen und gehe
   aus dem Haus.   *2 Punkte*
   ❏ Ich esse unterwegs oder am Arbeitsplatz.   *1 Punkt*

4. Jemand bietet Ihnen Ihren Traumjob an, den einzigen Job, den Sie wirklich gerne machen wollen. Dazu müssten Sie aber werktags sehr früh aufstehen. Sie nehmen es …

❑ … ohne Probleme und gerne in Kauf.   *3 Punkte*
❑ … in Kauf, doch insgeheim nervt es Sie
    doch ein wenig.   *2 Punkte*
❑ … sehr unwillig bis gar nicht in Kauf.   *1 Punkt*

5. Haben Sie das Gefühl, …

❑ … in Ruhe den Tag zu beginnen und ganz
    da zu sein?   *3 Punkte*
❑ … erst mittags wach zu sein?   *2 Punkte*
❑ … Horror vor jedem neuen Morgen zu
    verspüren?   *1 Punkt*

Auswertung

15 bis 13 Punkte
Im Grunde sind Sie morgens wach und dem Tag gegenüber aufgeschlossen. Sie vermeiden unnötige Hektik. Ein ruhiger Morgen ist Ihnen wichtig und für Sie der beste Tagesbeginn.
Balu ist zufrieden mit Ihnen!

12 bis 9 Punkte
Es könnte besser sein. Sie sind häufig in Eile, versuchen ab und zu, etwas Ruhe in den Morgen zu bekommen, sind jedoch nicht konsequent in der Durchführung. Insgeheim wünschen Sie sich morgens mehr Zeit, stehen deswegen aber nicht früher auf.
Singen Sie mit Balu das Lied von der Gemütlichkeit und beweisen Sie mehr Ausdauer in Ihren Bemühungen.

8 bis 5 Punkte

Die absolute Katastrophe. Ihr Tag beginnt, ohne wirklich begonnen zu haben. Sie stolpern halbwach in den Morgen, nehmen sich nicht die Zeit anzukommen, und machen so bis zum Mittag weiter, in der Hoffnung, ein weiterer Kaffee würde etwas daran ändern können. Dadurch sind Sie nie ganz bei sich und demzufolge auch nie ganz bei den Dingen, die Sie tun wollen. Sie fühlen sich schnell überfordert und gestresst.

Für Sie ist es höchste Zeit, mit Balu durch den Dschungel zu ziehen, um zu lernen, wie die Dinge mit mehr Ruhe, Gelassenheit und besserem Zeitmanagement einfacher und stressfreier zu bewältigen sind. Lassen Sie sich von Balu den Sonnenaufgang zeigen!

Was Sie ändern können

Balu geht mit der Sonne schlafen und steht mit der Sonne auf. So lebt er im Rhythmus der Natur.

Seit wir nicht mehr überwiegend in der Landwirtschaft tätig sind, elektrischer Strom den Tag künstlich verlängert und die Errungenschaften der industriellen Entwicklung den Menschen an den Arbeitsrhythmus der Maschinen anpassen anstatt andersherum, ist unser Tageslauf nicht mehr vom Lauf der Sonne bestimmt. Doch unser Körper und unsere innere Uhr haben sich dieser Änderung nicht so schnell anpassen können. Wir müssen uns zu Zeiten aus dem Bett und zur Arbeit quälen oder in Spät- und Nachtschichten den Tag verlängern, die nicht unseren natürlichen Bedürfnissen entsprechen. Besonders Schichtarbeiter mit Wechselschichten leiden dadurch unter verschiedenen Gesundheitsstörungen. Es kommt zu Konzentrationsschwäche, Herzrhythmusstörungen, Verdauungsproblemen und Stoffwechselerkrankungen.

Wenn wir dann auch noch den Tag in Hektik beginnen, erhöht sich die Belastung deutlich, der Stress wird zu einer Bedrohung. Plötzlich werden wir nicht mehr nur von einem Tiger im Dschungel gejagt, der unsere Kraft in unseren jeweiligen Arbeitsbereichen rauben will – nein, dummerweise jagen wir uns nun selbst. Der Tiger kommt nicht mehr ausschließlich von außen, wir haben ihn in uns hineingelassen. Er frisst uns von innen auf. Von Balu können wir lernen, wie es anders geht.

 Balu macht keinen Stress. Hektik sieht er bei anderen, er selbst ist dagegen gefeit. Seine Bärennatur lässt ihn alles etwas ruhiger und besonnener angehen. Wenn Balu den Tag beginnt, dann kratzt er sich erst einmal ausgiebig, putzt sein Fell und sammelt ein paar Beeren und Ameisen zum Frühstück. Erst wenn er für sein Wohlbefinden gesorgt, den Tag in Ruhe begrüßt und sich innerlich auf neue Taten eingerichtet hat, beginnt er mit dem Nächstliegenden. Machen Sie es genauso!

Stellen Sie Ihren Wecker so, dass Sie in Ruhe und Gelassenheit den Tag beginnen können. Etwas früher aufzustehen ist keine Belastung, kein Verlust von Ruhe und Entspannung, wie Sie vielleicht bisher geglaubt haben. Ganz im Gegenteil: Sie gewinnen Entspannung. Der Tag ist nicht mehr bedrohlich. Er schwingt nicht mehr die Keule über Ihrem Kopf, um Sie niederzustrecken. Er lädt Sie ein, etwas Neues zu entdecken: Den Schatz des goldenen Morgens.

Verflixtes Frühstück oder
»Her mit der Banane«?

Im Sommer, wenn es morgens schon früh hell ist, fällt es naturgemäß leichter aufzustehen als im Winter, wenn unser Körper in der Dunkelheit nur schwer ins Erwachen einwilligt. Beschenken Sie sich mit einem gemütlichen Tagesbeginn. Decken Sie schon am Abend den Frühstückstisch. Nehmen Sie sich Zeit für die morgendliche Körperpflege. Meistens müssen wir schon zwanzig bis dreißig Minuten wach sein, bis wir ein Hungergefühl oder Appetit bemerken. Lassen Sie sich also Zeit. Am besten ist es, wenn zwischen Weckerklingeln und Aus-dem-Haus-Gehen eine Stunde liegt.

Wer erst nach Bewegung Appetit verspürt, für den sind Yoga oder Morgengymnastik ideal. Wer morgens gerne ein Buch liest und die Beine hochlegt, organisiert sein Frühstück nach dieser Art Gemütlichkeit. Wenn Sie mit der Familie zusammen frühstücken, achten Sie darauf, nicht nur der Handlanger, Brotschmierer und Kaffee-Einschenker für die anderen zu sein. Je nach Alter können sich die Kinder auch ihr eigenes Brot schmieren. Das fördert die motorischen Fähigkeiten und das Selbstwertgefühl. Klagen Sie jedoch schon morgens, Sie kämen nicht zu sich selbst, weil jeder etwas von ihnen will, machen Sie etwas falsch.

Wenn Sie zu jeder Gelegenheit das Gefühl haben, von anderen gefordert oder gar überfordert zu werden, Sie aber trotzdem immer alles geben, ist es an der Zeit sich zu fragen, ob Sie Ihre Persönlichkeit über Leistung definieren. Wer immer und überall für jeden alles erledigt, dabei aber seine eigenen Bedürfnisse unterdrückt, hat ein Problem mit seinem Selbstwert. Es mag sein, dass Sie glauben, Sie werden nur geliebt und anerkannt, wenn Sie stets für alles und jeden parat stehen. Doch diese Einstellung ist sehr kräftezehrend und auf Dauer unbefriedigend. Da dieser Einstellung ein alter Glaubenssatz, also etwas, das Sie schon in der Kindheit so gelernt haben, zugrunde liegt, braucht es ein bisschen Zeit und Geduld, Ihr Verhalten zu ändern.

Machen Sie sich bewusst, dass Sie ein Goldschatz sind. Am besten funktioniert das über Anerkennung. Nachdem andere damit häufig geizen, besonders wenn Ihre Leistungen als selbstverständlich hingenommen werden, schreiben Sie sich selbst einen Anerkennungsbrief. Der könnte so lauten:

Der Selbstanerkennungsbrief

»Liebe Anette,

lass Dir danken für die wunderbaren Leistungen, die Du tagtäglich erbringst. Die Art und Weise, wie Du Deine Arbeiten organisierst, Zusatzaufgaben übernimmst und alle Leute zufriedenstellst, ohne jemals zu klagen, ist bewundernswert. Du bist eine herausragende Persönlichkeit.

Anbei ein Anerkennungsgutschein für ein Candle-Light-Dinner (Einkaufsgutschein für die Lieblingsboutique o. Ä.). Gönne Dir etwas Gutes. Belohne und verwöhne Dich.

Herzlichst,
Deine Anette«

Schicken Sie diesen Brief ganz real mit der Post ab. Sie werden sich wundern, welch positive Wirkung er entfaltet, wenn er nach ein paar Tagen bei Ihnen eintrifft.

Wenn Sie sich selbst wertschätzen und anerkennen, werden es bald auch die anderen tun. Lernen Sie, ab und zu mal Nein zu sagen. Dann werden Ihre Leistungen nicht mehr als selbstverständlich hingenommen. Sie bekommen den Stellenwert des Besonderen und werden ehrlich geschätzt.

Wenn Sie also morgens am Frühstückstisch sitzen, dann genießen Sie mit allen Sinnen. Machen Sie sich bewusst, dass Sie diesen Morgen in seiner Ruhe und Gemütlichkeit verdienen. Er steht Ihnen einfach naturgemäß zu. Kein Bär hetzt in den Tag. Er beginnt ihn besonnen. So ist er ganz bei sich und kann aus dieser gesammelten Selbstwahrnehmung alle Aufgaben erfolgreich erledigen. Halten Sie sich an die Bärenart Balus.

✄ Das Bär-Symbol

Wenn es Ihnen schwerfällt, aus sich heraus die Ruhe zu bewahren, dann basteln Sie sich ein Bär-Symbol. Malen oder kopieren Sie Balu auf ein Stück Pappe, das Sie dann zurechtschneiden. Darunter schreiben Sie: »Versuch's mal mit Gemütlichkeit«.

Hängen und stellen Sie das Bär-Symbol an alle Plätze, an denen Sie leicht in Hektik verfallen. Gewöhnen Sie sich an, den Bären an jedem dieser Plätze zu begrüßen, wenn Sie ihn an diesem Tag zum ersten Mal sehen. Sprechen Sie in Gedanken mit ihm. Erklären Sie ihm, wann und warum Sie sich gerade wieder gestresst fühlen.

Atmen Sie dann tief durch, zählen Sie bis zehn, singen Sie leise wenigstens die erste Strophe von Balus Lied – und schon geht es Ihnen besser. Im Laufe der Zeit werden Sie feststellen, dass dieser Kontakt zu Balu Ihnen hilft, Klarheit über Ihre Gefühle zu erlangen, Stressgefahren rechtzeitig zu erkennen und den Überblick zu behalten.

Richtig ankommen –
sich den Anforderungen stellen

Wie ist es, wenn Sie morgens mit Ihrer Arbeit beginnen? Welches Gefühl herrscht in Ihnen vor, wenn Sie ankommen? Und: Wie kommen Sie an?

Paul ist Mathelehrer, er hat Probleme mit der Pünktlichkeit. Er stolpert also öfter morgens zu spät in die erste Stunde. Der Unterricht verläuft dann hektisch, die Schüler sind unkonzentriert und oft ebenfalls unpünktlich.

Die PR-Beraterin Petra hat noch den Mantel an, wenn sie erste dienstliche Gespräche führt. Sie macht viele Dinge gleichzeitig, bevor sie wirklich angekommen ist. Dadurch vergisst sie eine Reihe der besprochenen Inhalte, was zu unnötigen Komplikationen führt und bei anderen das Gefühl erweckt, von ihr nicht ernst genommen zu werden. Da es jeder als selbstverständlich betrachtet, schon Einsatz von ihr zu verlangen, wenn sie noch nicht einmal den Mantel ausgezogen hat, und sie auch nichts dagegen unternimmt, fühlt sie sich gestresst, sobald sie die Firmenräume betritt.

Jakob wiederum geht erst einmal durch die Firma und führt mit jedem Kollegen ein längeres Gespräch. Wenn er dann endlich mit seiner Arbeit beginnt, hat er das Gefühl, nicht voranzukommen, obwohl er doch schon über eine Stunde da ist.

Viele Menschen weichen ihrem Arbeitsbeginn aus. Sie reden, kochen Kaffee, lesen ihre privaten E-Mails und beantworten sie, stehen immer wieder von ihrem Platz auf und finden erstaunlich viele Möglichkeiten, der tatsächlichen konzentrierten Arbeit zu entkommen. So wird am Morgen unnötig Zeit verschenkt, die dann später fehlt und Stress verursacht.

Viele Menschen haben sich daher angewöhnt, verschiedene Aufgaben parallel zu erledigen, und sind der Meinung, dadurch mehr zu schaffen. Doch dabei geht leicht der Überblick verloren. Jede Aufgabe verlangt das ihr zustehende Maß an Aufmerksamkeit. Ihr Unterbewusstsein weiß, Sie müssen allen Anforderungen gerecht werden – und das sind im Moment viele; innerlich entsteht Druck.

Von der Universität Michigan durchgeführte Tests haben ergeben, dass jene Versuchspersonen, die die gestellten Aufgaben nacheinander erledigten, schneller damit fertig waren als die Probanden, die ihre Aufgaben ineinander verschachtelt ausführten. Erstere empfanden die Masse an Aufgaben weniger belastend, waren nicht so erschöpft und hatten bessere Vitalwerte (Blutdruck, Sauerstoffgehalt, Stresshormone etc.).

Wenn viele Dinge gleichzeitig zu tun sind, die Zeit dann aber nicht reicht und nichts wirklich fertig wird, bleibt Unzufriedenheit zurück. Leicht kann das Gefühl entstehen, zu nichts zu taugen. Mit der Zeit entwickeln Sie Minderwertigkeitsgefühle. Viele Frauen kennen das aus dem Spagat zwischen Beruf und Familie. »Wieso hast du wieder nichts geschafft, nichts fertig gemacht?« ist eine Frage, die den Vorwurf der Unfähigkeit in sich trägt.

Dinge, die erledigt wurden, vermitteln hingegen ein positives Selbstwertgefühl. Achten Sie also darauf, nicht zu viele Dinge gleichzeitig zu beginnen. Multitasking ist zwar ein Talent, das stark von uns gefordert wird, gleichzeitig fordert es aber auch immer mehr von uns – und überfordert uns.

Vermeidung: ein Weg, um nicht ankommen zu müssen

Wer den Beginn seiner Arbeit hinauszögert, egal auf welche Weise, übt sich in Vermeidung. Vermeidung ist eine weit verbreitete Gewohnheit, um nicht wirklich ankommen zu müssen. »Körperlich anwesend – geistig abwesend« – dieser

Spruch bezieht sich nicht nur auf träumende Schüler, die auf diesem Weg das Lernen und den damit verbundenen persönlichen Einsatz vermeiden. Er betrifft insbesondere den Tagesbeginn und unseren Arbeitsplatz. Wer wie ich verschiedene Arbeitsplätze und verschiedene Aufgabenbereiche hat, kommt mehrmals am Tag in unterschiedlichen Anforderungen »an«. Da gäbe es viel zu vermeiden: Anstatt am Manuskript zu arbeiten, könnte ich Kuchen backen, anstatt den Haushalt zu machen, könnte ich ein spannendes Buch lesen, und zu meinen Seminaren würde ich möglichst spät losfahren, um die Ankunftszeit hinauszuzögern. Meinen Patienten könnte ich sogar absagen. Doch dann hätte ich viel mehr Stress und wenig Befriedigung in meinen Tätigkeiten. Ich könnte mich nicht mit meinem ganzen Sein auf die Aufgabe konzentrieren, diese nicht vollständig erledigen. Es bliebe immer der Nachgeschmack von Halbheiten.

Wer in Vermeidung ausweicht, ist oft auch mit seiner Aufmerksamkeit nicht ganz bei der Sache. Er bekommt nur die Hälfte mit, macht dadurch unnötige Fehler und: Er lebt sein Leben nur in Bruchstücken!

Welch ein Verlust! Anstatt das Leben bewusst wahrzunehmen, sich voll hineinzubegeben, es anzunehmen und das Beste daraus zu machen, laufen wir vor dem Leben davon!

Warum tun wir das? Das ist leicht zu beantworten. Vermeidung ist eine simple Form der Abwehr. Was mir Angst einflößt, was mir unerfreulich erscheint oder eventuell Frust bringen kann, das vermeide ich lieber. Das Ich nimmt damit Abstand von der vermeintlich unangenehmen Realität.

Wenn wir also morgens schon wissen, dass uns viele Aufgaben erwarten, die uns kaum Erfolgserlebnisse, keine innere Befriedigung, sondern eher Minderwertigkeitsgefühle schenken, ist es kein Wunder, dass wir den Beginn der Arbeit so lange wie möglich hinausschieben. Und so halten wir es mit allem, was uns anscheinend wenig Gutes zu geben hat. Nur löst das nicht unsere Probleme. Ganz im Gegenteil, es schafft neue. Das, was wir vermeiden, nagt trotzdem an uns, es versucht, durch die Hintertür an uns heranzukommen.

Eine Möglichkeit der Vermeidung ist die Übernahme der Zuschauerrolle. Dies ist eine sichere Position. Wer nur zusieht, dem kann erst einmal nichts Schlimmes widerfahren. Der Zuschauer vermeidet also Frust, indem er es vermeidet, aktiv am Leben teilzunehmen. Aus seiner sicheren Position, seinem Logenplatz heraus, kann der Zuschauer urteilen und verurteilen sowie eine scheinbare Überlegenheit aufbauen. Seinem Selbstwertgefühl, eigentlich ein zartes Pflänzchen, droht keine Gefahr und es muss sich nicht auf der Bühne des Lebens beweisen.

Vermeidung beginnt oft schon in der Schule. Das Konkurrenz- und Leistungsdenken bremst die Reifung der Persönlichkeit. Den Dauerdruck hält nur ein sehr selbstbewusster Mensch aus. Kinder, die eigentlich ein natürliches Lernbedürfnis haben, werden durch dieses System »faul gemacht«. Sie vermeiden es, sich mit dem Lehrstoff zu befassen, um nicht als dumm hingestellt zu werden, wenn sie langsamer sind oder in ihrer eigenen Zeit und auf ihre ganz persönliche Art lernen. Sie vermeiden Frust durch Vermeidung von Leistung. Das klingt paradox, zieht sich aber später weiter durch das Erwachsenenleben. Der Vermeider gibt sich oft mit untergeordneten Aufgaben zufrieden. Er umgeht Auseinandersetzungen und gibt nach, auch wenn er dann ungerecht behandelt wird.

Die zweite Möglichkeit der Vermeidung ist das Ausweichen auf andere Tätigkeiten. Anstatt zu bügeln, wird der Rasen gemäht, anstatt die Präsentation zu erstellen, wird noch ein bisschen im Internet recherchiert, ob auch wirklich alle Punkte des Themas erschöpfend behandelt werden. Anstatt morgens mit der Arbeit zu beginnen, wird eben schnell noch ein Kaffee getrunken und mit den Kollegen ein

Schwätzchen gehalten. Alles ist willkommen, solange es nur der Vermeidung dient.

Der Vermeidungsmechanismus kann so weit gehen, dass man sich nicht mehr in eine andere Tätigkeit flüchtet, sondern dass man schließlich unfähig wird, überhaupt etwas zu tun: Depressionen, Panikattacken, Migräne, Schwindelanfälle und diffuse Schmerzzustände, die den Betroffenen arbeitsunfähig machen, sind nur einige der heute weit verbreiteten psychosomatischen Beschwerden.

Die gefährlichste Vermeidung geschieht durch die Flucht in Drogen. Neunzig Prozent aller Alkoholiker geben an, sich den Anforderungen, die das Leben an sie stellt, aus den unterschiedlichsten Gründen nicht gewachsen zu fühlen. Durch den Alkohol erscheint erst einmal alles einfacher. Gefühle werden gedämpft, der Frust ist den Abhängigen nicht gleich bewusst. Lässt der Rausch nach, wird die Realität wieder deutlich. Es hilft nur die erneute Flucht.

Diese Flucht nennt sich Abschirmung. Auch die Psychopharmaka, inzwischen Absatzspitzenreiter in deutschen Apotheken, dienen diesem Zweck. Da schon immer mehr Kinder im Schulalter zu Depressionen neigen, setzt die Abschirmung durch die Verordnung von Psychopharmaka entsprechend früh ein. Auf lange Sicht führt das zu einem betrüblichen Ergebnis: Die Persönlichkeitsentwicklung der Jugendlichen wird verzögert und erschwert.

Unser Selbstwertgefühl kann nur stark werden, wenn es durch gelebte Konfliktbewältigung reift. »Was nicht tötet, härtet ab« – ein scheinbar dummer Spruch mit Tiefsinn. In der Tat härtet uns das Leben ab. Jede durchlebte Krise macht uns stärker. Wenn wir das Leben aber vermeiden, wie sollen wir dann reifen?

Wer sich abschirmt, kommt nicht an, weder an seinem Arbeitsplatz noch in seinem Leben. Er existiert am Leben vorbei. Der Dschungel, der so gefährlich wirkt, wird lediglich angeschaut. Ob es eine TV-Reportage, ein Abenteuerfilm im

Fernsehen oder eine Fahrt im gepanzerten Bus durch den Safaripark ist, der Abstand – und damit die Sicherheit – bleibt gewahrt. In dieser Position brauchen Sie keine Angst zu haben, das zarte Pflänzchen Selbstwertgefühl könne zu Schaden kommen. Leider bleibt das Leben auf diese Weise hohl und unbefriedigend.

Wollten Sie das nicht vermeiden?

Gemütlich im Dschungel ankommen mit Balu

Zarte Pflanzen gibt es in jedem Dschungel. Wenn Oberst Hathi mit seinem Elefantenregiment losmarschiert, muss manch Pflänzchen alle Kräfte mobilisieren, um sich danach wieder aufzurichten. Doch ein paar Jahre später sind große, starke Bäume daraus gewachsen.

Balu kommt pfeifend und singend in seinem Tag an. Ob er sich sein Frühstück besorgen muss, indem er Beeren pflückt, Ameisen sammelt oder den Bienen den Honig streitig macht – er ist völlig bei der Sache. Er weiß um den Ernst des Lebens. Er weiß jedoch ebenso, dass es nichts nützt, sich aus Angst vor den Gefahren des Dschungels zu verkriechen. Balu erklärt dies seinem Schüler Mowgli auf ganz praktische und lebensnahe Weise. Macht Mowgli einen schweren Fehler, gibt es einen Hieb mit der Tatze. Doch Balu achtet darauf, dass das »Lebenlernen« abwechslungsreich und voller Freude ist: So bleibt die natürliche Neugierde erhalten. Ein Rückschlag bedeutet eine Erfahrung und nicht den Verlust der Ehre. Erfolge sind der Lohn einer jeden Anstrengung. Balu kann auch ein Nichtgelingen als Erfolg betrachten, denn er lernt daraus, einen anderen Weg zum Ziel einzuschlagen, anstatt entmutigt aufzugeben.

Im Dschungel überlebt nur, wer voll da ist, hundertprozentig Anteil hat am Leben. Der Tiger Shir Khan wartet geradezu darauf, Beute zu machen unter jenen, die halbherzig – und daher auch mit halber Aufmerksamkeit – durch den Lebensdschungel schleichen. Ihre Schwächen hat er schnell durchschaut und zu seinen Gunsten ausgenutzt. Ihre Verstecke kennt er zur Genüge, er braucht bloß noch zuzuschlagen. Wer im Alltagsdschungel lediglich halb dabei ist, der ist aus Sicht der Chefetage ersetzbar oder kann ganz eingespart werden. Der Chef-Tiger schlägt genauso erbarmungslos zu wie der Dschungel-Tiger.

Balu lässt sich davon nicht schrecken. In bäriger Ruhe packt er an, was zu tun ist. Da er Stress nicht mag, sorgt er dafür, überall immer wieder etwas Gemütlichkeit zu finden. Hat er eine Aufgabe erledigt, belohnt er sich mit einer Pause. Er legt sich in die Sonne, kratzt seinen Pelz, lässt fünf gerade sein und genießt das Leben. So ist er schnell wieder fit für die nächste Aufgabe und kann wieder zu hundert Prozent da sein.

Balu zeigt Ihnen gerne, wie auch Sie besser ankommen, ganz da sein und doch verhältnismäßig stressfrei den Alltagsdschungel bewältigen können.

Übung: *Mein Vermeidungsmuster erkennen*

Überlegen Sie, in welchen Situationen und vor welchen Aufgaben Sie eine Vermeidungshaltung annehmen. Was tun Sie statt der eigentlichen Arbeit? Welche Art der Vermeidung ist es, die Sie gewählt haben?

Den besten Einblick in das eigene Vermeidungsmuster bietet eine ehrliche Liste. Schreiben Sie auf, welche Aufgaben Sie zu welchen Zeiten vermeiden. Ergründen Sie, was Sie dabei empfinden, was Sie denken. Legen Sie am besten eine Liste mit vier Spalten an – so könnte sie aussehen:

Aufgabe:	Vermeidung:	Innere Wahr-nehmung:	Gelöst durch:
Arbeitsbe-ginn	Unterhaltung	Druck im Bauch, Gedanke ans warme Bett	Mini-Yoga
Bügeln	Buch lesen	inneres Kribbeln, »Hausarbeit ist doof«	Musik/TV beim Bügeln
Bericht für den Chef erledigen	Ablage	Kopf-schmerzen; »Er wird meckern«	»Ich bin so wertvoll wie er«
...	...	...	...

Nun überlegen Sie sich, wie Sie sich die Aufgabe versüßen können oder was Ihre negativen Gefühle lösen kann. Manche Einstellungen zu bestimmten Dingen sind gar nicht unsere eigenen. Wir haben sie im Laufe der Kindheit übernommen. Wenn ihre Mutter die ein oder andere Hausarbeit nicht gemocht hat, hat sie diese Empfindungen vielleicht an Sie weitergegeben. Denken Sie darüber nach. Gehen Sie in Gedanken zurück. Machen Sie sich bewusst, dass bestimmte Gefühle gar nicht Ihre eigenen sind, und wenn doch, ändern Sie die Umstände der Arbeit und belohnen Sie sich für alles, was Sie erledigt haben.

Überlegen Sie, was Ihnen helfen könnte, die Aufgabe doch zu Ende zu führen und dabei Freude zu empfinden oder motivierter zu sein. Nehmen Sie sich Zeit. Schließen Sie bei jedem Punkt die Augen und ergründen Sie Gefühle und Gedanken.

Manches mögen wir nicht tun, weil die Arbeit keine Anerkennung mit sich bringt, das Ergebnis der Bemühung nicht sichtbar ist. Darum sind eben die Hausarbeiten oft so ungeliebte Tätigkeiten. Habe ich morgens die Küche sauber aufgeräumt, sieht sie nach der nächsten Mahlzeit wieder aus wie zuvor, und ob ich Staub gesaugt, den Boden gewischt und die Wäsche erledigt habe, nimmt außer mir auch niemand wahr. Leistung will aber belohnt werden. In unserer Gesellschaft ist eine angemessene Belohnung die treibende Motivation für Leistung. Leider stimmt die Bewertung der Leistung in diesem System nicht, denn wie lässt sich erklären, dass die schwere und verantwortungsvolle Tätigkeit einer Krankenschwester schlechter bezahlt wird als die Tätigkeit einer Lehrerin?

Balu belohnt sich selbst für seine Leistung. Er erwartet gar nicht, dass andere dies tun. Er weiß, dass dies nur zu Enttäuschung führen kann. Woher soll ein anderer Mensch wissen, was man von ihm erwartet, wenn man es ihm nicht konkret mitteilt? Doch Balu weiß nicht nur, wie Bär sich selbst belohnt (z. B. durch Pausen, siehe S. 34 ff.), sondern wie Bär richtig ankommt, ist ihm auch völlig klar: Am liebsten kommt man doch in seine eigene Höhle!

Arbeiten in der Bärenhöhle

Schaffen Sie sich also eine Höhle der Gemütlichkeit am Arbeitsplatz.

Leider gibt es Unternehmen, die Privates am Arbeitsplatz verbieten. Teilweise hat man jeden Tag einen anderen Platz, nichts Persönliches darf dort untergebracht werden. Dies soll die Konzentration auf die eigentliche Aufgabe fördern und Ablenkung verhindern.

»So ein Quatsch«, brummt Balu. Nur wer sich wohlfühlt, kann gut arbeiten.

Das Einzige, was Balu an dieser Idee schätzt, ist, dass der Arbeitsplatz immer sauber und aufgeräumt ist. Unaufgeräumtheit macht Stress. Das Unterbewusstsein registriert viele unterschiedliche Dinge ohne direkten Zusammenhang. Es versucht, eine Verbindung oder eine Ordnung herzustellen, scheitert aber am Chaos. Es entsteht ein Gefühl der Verwirrung und der Machtlosigkeit und damit Stress.

Balu rät als ersten Schritt: Räumen Sie auf, misten Sie aus! Sorgen Sie dafür, dass Sie auf Ihrem Schreibtisch bzw. an Ihrem Arbeitsplatz die Übersicht behalten.

Erledigtes sollte weggeräumt werden. Das, was noch zu tun ist, sollte übersichtlich vorbereitet sein. Dinge, die sich schnell erledigen lassen, kommen auf einen Stapel; Dinge, die länger brauchen, auf einen anderen; Brandeiliges ganz nach vorn. Die noch offenen Vorgänge sollten nicht vollständig im Blickfeld sein, denn sonst hätten Sie den Eindruck, vor einem Berg Arbeit zu stehen. Rechtshänder wählen dafür am besten die linke Seite ihres Arbeitsplatzes. Schräg rechts, direkt ins Blickfeld rückt dafür der Stapel mit allem, was fertig ist und später weggeräumt werden soll. So sehen Sie, wie viel Sie schon geschafft haben. Dies vermittelt ein Erfolgsgefühl. Das Ergebnis Ihrer Arbeit ist deutlich sichtbar.

Stellen Sie sich ein Bär-Symbol (siehe S. 23) für Gemütlichkeit auf. Überlegen Sie sich, womit Sie Ihren Arbeitsplatz in eine Bärenhöhle verwandeln können. Oft reicht dafür ein

Foto, ein schöner Halbedelstein oder eine Pflanze. Es sollte etwas sein, das in Ihnen das Gefühl »wie zu Hause« erweckt. (Wenn »zu Hause« Stress bedeutet, ändern Sie Ihr Zuhause!!! Wählen Sie übergangsweise ein Symbol, das Urlaubsgefühle erweckt.)

Wenn Sie Feierabend haben, gestalten Sie den Platz für ein angenehmes Willkommen am Morgen. Vielleicht, indem Sie eine Blume auf Ihren Schreibtisch stellen. Wie möchten Sie sich selbst morgens begrüßen? Mit einem freundlichen »Empfang« fällt das Ankommen viel leichter.

Lösen Sie sich behutsam aus Ihrer bisherigen Vermeidungsstrategie. Gestalten Sie sich neue, motivierende Ankommrituale. Diese sollten so sein, dass Sie sofort – aber ganz entspannt – Ihre Arbeit beginnen können.

Balu würde die Kollegen kurz begrüßen, sich aber nicht lange dabei aufhalten. Er würde sich ein warmes »Guten-Morgen-Getränk« bereiten, sich seinen Arbeitsplatz genau ansehen, um den Willkommsgruß bewusst wahrzunehmen, und dann in Ruhe mit der Arbeit beginnen.

Balu legt regelmäßig Pausen ein und belohnt sich dadurch selbst. Wer Pausen genauso plant wie seine Arbeit, der macht auch wirklich welche und profitiert davon durch neue Kraft.

Die Pausenstrategie – belohnen Sie sich selbst

Der biologische Rhythmus des Menschen verlangt eine Pause nach spätestens siebzig Minuten Arbeit. Bei hoch konzentrierter Tätigkeit sogar schon nach fünfundvierzig Minuten. Mit fünf bis zehn Minuten Arbeitsunterbrechung kann schon viel erreicht werden. Gönnen Sie sich eine Tasse Tee oder Kaffee. Stellen Sie sich an ein offenes Fenster und atmen Sie etwas frische Luft ein. Bewegen Sie sich. Machen Sie eine Kurzmeditation oder eine Atemübung aus dem Yoga. Sie haben es sich verdient! Nach dieser kurzen Unterbrechung, die innerlich Abstand und Raum geschaffen hat, können Sie wieder frischer weiterarbeiten. Planen Sie alle zwei bis zweieinhalb Stunden eine Pause von fünfzehn Minuten ein. Reihen Sie diese Pause einfach in den Arbeitsplan ein, z. B. indem Sie einen großen Zettel mit der Aufschrift »Pause« zwischen die Akten, Mappen etc. legen oder sich ein Pausensignal per Handy oder PC-Terminplaner einbauen. Viermal fünfzehn Minuten sind erholsamer als eine lange Pause. Der Erholungswert einer Pause steigt nicht linear an. Er ist zu Beginn der Pause höher als an ihrem Ende. Wer dreißig Minuten Mittagspause macht, um in Ruhe etwas essen zu können, der plant sich seine Kurzpausen am Vor- und Nachmittag passend zur erlaubten Pausenzeit ein. Also lieber dreimal fünf Minuten als einmal fünfzehn Minuten. Dafür dann aber den Arbeitsplatz wirklich verlassen und etwas Erholsames tun.

Wer sich durch Pausen motiviert, sich seine Arbeitserfolge vor Augen führt und seinen Arbeitsplatz freundlich gestaltet, der kommt einfach besser an. Sie werden feststellen, dass Sie mit diesen einfachen Strategien nicht mehr das Bedürfnis haben, sich in Vermeidung zu üben. Die Arbeit macht mehr Freude, Erfolgsgefühle möbeln den Selbstwert auf, Sie sind in der Gemütlichkeit angekommen.

Die richtige Pause zu machen, hängt auch von Ihrem Pausentyp ab. Wer eher zu Trägheit neigt und schnell müde ist, ggf. auch mit Übergewicht zu kämpfen hat, der sollte in seiner Pause aktiv sein. Ein flotter kleiner Spaziergang an frischer Luft weckt die Lebensgeister und baut Trägheit ab. Als Pausensnack empfiehlt sich etwas Leichtes und scharf Gewürztes, z. B. eine mit Currypaste bestrichene Banane oder Erdbeeren mit Chilipfeffer. Trinken Sie anregende Grüntees, z. B. mit Yasmin oder scharf-würzigen Yogitee.

Wer zu Nervosität neigt, sich schlecht konzentrieren kann, eher blass und dünn ist, der ist mit einer meditativen Pause besser bedient. So können seine Nerven regenerieren, der Geist wird klar, die Konzentrationsfähigkeit steigt. Kaffee und schwarzer Tee sollten gemieden werden. Hier sind milde und wärmende Speisen und Getränke in der Pause zu empfehlen.

Neigen Sie zu überschießenden Gefühlen, werden vor lauter Tatendrang hektisch, schwitzen leicht und brüllen wie ein Tiger, wenn etwas nicht sofort klappt? Dann sind Yogaübungen und kühlende Speisen und Getränke in der Pause für Sie genau richtig. Sonst verbrennen Sie im Feuer Ihres Aktionismus. Trinken Sie Joghurtdrinks und kühle Grüntee-Mischungen, essen Sie in der Pause Obst und Rohkost.

Unerledigte »Altlasten« spielen Tauziehen mit Ihnen

Wer sehr viele unerledigte Dinge im »Keller« hat, an dem nagt ständig das Gefühl, nicht fertig zu sein, den Feierabend nicht verdient zu haben. Eigentlich müsse ja noch ... Damit wird der Erholungswert des Feierabends zunichte gemacht. Die unerledigten Dinge sind wie eine Bande von Erdhörnchen, die Sie in ihre Erdhöhle ziehen wollen. Sie hängen an einem Ende des Seils, die kleinen Tierchen am anderen. Da sie so viele sind, ist ihre Kraft enorm. Einige zupfen sogar an Ihrer Kleidung oder schubsen von hinten.

Kümmern Sie sich um die unerledigten Dinge. Der Brief an die Tante, die Reparatur des Fahrrades, der Besuch bei Oma, das Flicken der Hose – was immer es auch ist. Jeden Tag nehmen Sie einen Teil in Angriff, dann ist bald nichts mehr da und die Erdhörnchen lassen Sie in Ruhe. Nun können Sie Ihre Pausen und Ihren Feierabend gemütlich genießen.

Affentanz im Dschungel

Erinnern Sie sich an die Szene aus dem bekannten Walt-Disney-Film »Das Dschungelbuch«, in dem die Affen wie wild durch den Dschungel und die Ruinenstadt toben? Gerade haben sie Mowgli gefangen und ihm schwirrt der Kopf, derart schnell wird er von einem Affen zum nächsten weitergereicht, durch die Luft geworfen, auf den Kopf gestellt und herumgezerrt. So fühlen wir uns oft in unserem Alltag. Jeder zerrt an uns, will etwas wissen, etwas haben, verlangt nach unserer Liebe, unserer Aufmerksamkeit, will sofort Ergebnisse und alles andere gleichzeitig. Es wird getobt und geschrien wie bei den Affen. Und jeder will das Sagen haben.

Das Internet muss schneller sein, die Geschäfte sollen schneller abgeschlossen werden, die Arbeit muss schneller erledigt werden, die Autos müssen schneller fahren, alle wollen schneller ans Ziel. Unsere Welt ist schnell geworden. Aber besser?

Als die ersten Dampflokomotiven mehr als 30 km/h erreichten, warnten Mediziner vor den gefährlichen Folgen der Geschwindigkeit. Der menschliche Körper sei dafür nicht geschaffen. Nun rasen wir mit einem Vielfachen davon über die Straßen, die Schienen, durch die Luft – und durch den Alltag. Der Körper hält diese Geschwindigkeiten mit Leichtigkeit aus. Geschwindigkeit ist wohl nicht wirklich unser Problem. Oder doch? Auch der Informationsfluss ist schneller geworden. Hat die Übermittlung von Nachrichten vor hundert Jahren noch Stunden oder sogar Tage gedauert, erhalten wir unsere Informationen aus allen Teilen der Welt nun in Sekundenschnelle. Ob in einem fernen Land ein Heuschreckenschwarm die Ernte bedrohte oder ein wahnsinniger Mörder in einer Kleinstadt wahllos Menschen erschoss, diese Meldungen kamen damals oft gar nicht bei uns an. Was nicht in unmittelbarer Umgebung geschah und den eigenen Lebensbereich direkt betraf, das war kaum von Interesse. Und was wir nicht wussten, konnte uns auch nicht bekümmern oder belasten.

Heute jagen wir hinter jeder Nachricht her, je spannender und grausiger, desto besser. Fernsehen und Internet bringen uns das Weltgeschehen ins Wohnzimmer.

Doch damit wachsen auch die Ängste. Die Welt erscheint plötzlich viel wilder und viel bedrohlicher, als sie es früher einmal war. Der Dschungel ist unüberschaubar geworden. Wer das Gefühl hat, die eigene Umgebung sei zu hektisch und zu gefährlich, um sich darin sicher und geborgen zu fühlen, der sollte für eine Weile auf Nachrichten aus dem Fernsehen verzichten. Es genügt, wenn Sie sie morgens und abends im Radio hören. Auch reißerisch aufgemachte Tageszeitungen schaden Ihrem Gemüt. Viele der aktuellen Berichte, die uns belasten, müssen wir wirklich nicht kennen. Also verzichten Sie einmal für eine gewisse Zeit darauf und prüfen Sie, wie sich Ihr Gefühl für die Welt, in der Sie leben, verändert.

Vom Leistungsdruck

Wir stürzen uns auf vielfältige Art Hals über Kopf in den Dschungel. Vor allem am Arbeitsplatz lassen wir uns vom Geschnatter der Affen beeindrucken und schon haben sie uns gefangen. In einem atemlosen Tempo geht es mal rauf, mal runter. Gehetzt springen wir von Liane zu Liane, von Baum zu Baum: Wer danebengreift, stürzt ab oder wird gleich von den Affen an den Baum des Lebens gefesselt.

- Ich darf mir keinen Fehler erlauben, wenn ich den Job behalten will.
- Ich muss mehr leisten, als von mir erwartet wird, wenn ich die Beförderung erreichen will.
- Unsere Produkte müssen sich besser verkaufen, überzeugender beworben werden.

- Für einen Test bleibt keine Zeit. Das Programm muss funktionieren. Der Kunde darf nicht warten.
- Krank zu werden kann ich mir nicht erlauben. Dann bin ich weg vom Fenster.

Kommt Ihnen das bekannt vor? Sind Sie auch mit einer Liane gefesselt, hängen am Baum des Lebens und werden von den Affen hin- und hergeschwungen?

Laut einer Studie des Wissenschaftlichen Instituts der AOK (WIdO) aus dem Jahre 2003 ist jeder dritte bis vierte Erwerbstätige im Beruf gestresst. Leistungsdruck, Erfolgszwang, gestiegene Anforderungen und das Arbeitsplatzrisiko sind dabei die am häufigsten genannten Faktoren. Dabei spielte es keine Rolle, ob der Befragte ein einfacher Arbeitnehmer oder in leitender Position beschäftigt war.

Was macht ein kleiner Junge, der im Dschungel unter Wölfen lebt in diesem Fall?

 Im Dschungel ist es wichtig zu wissen, aus welcher Richtung die Gefahr droht. »Sieh dem Feind ins Auge«, empfiehlt Balu.

Da die Tiere des Dschungels Mowglis Blick nicht lange standhalten können, ist dieser Rat für ihn besonders wertvoll. Doch auch Sie können dem Stress ins Auge blicken und ihm somit einen großen Teil seiner Macht nehmen. Wichtig ist erst einmal herauszufinden, was genau den Stress verursacht.

Übung: *Stress erkennen und bannen*

Beobachten Sie sich selbst an Ihrem Arbeitsplatz oder lassen Sie am Abend den Tag Revue passieren. Wann beginnen Sie, sich unter Druck zu fühlen? Was löst dabei den Stress aus?

Beantworten Sie für sich folgende Fragen:

- Bin ich unterfordert und gelangweilt?
- Bin ich überfordert, mag es aber nicht zugeben?
- Glaube ich, den Anforderungen nicht gewachsen zu sein und versuche deshalb, besonders gut zu sein?
- Fühle ich mich beobachtet und kontrolliert? Wodurch?
- Läuft in meinem Kopf ein innerer Monolog, der z. B. sagt, ich müsste mich mehr anstrengen oder ich sei nicht gut genug?
- Enthält meine Arbeit mehr Aufgaben, als ich allein bewältigen kann?
- Gibt es Aufgaben, die ich meide, vor mir herschiebe und die dadurch Stress verursachen?
- Wer setzt mich unter Druck – meine Kollegen, mein Chef oder ich selbst?
- Plane ich selbst zu viele Aufgaben für einen Tag?
- Bin ich ein sogenannter »Workaholic«, also ein Mensch, der arbeitssüchtig ist und nicht zur Ruhe kommen kann?

Nicht immer können wir Schwierigkeiten allein lösen. Wenn Sie sich unterfordert oder nicht ausgelastet fühlen, schauen Sie, ob Sie einen Kollegen entlasten können, indem Sie Ihren Aufgabenbereich erweitern. Wenn Sie sich überlastet fühlen, ist es wichtig, die Aufgabenmenge zu reduzieren oder ihre Prioritätenliste zu optimieren. Ein offenes Gespräch zur rechten Zeit ist besser, als vor lauter Überlastung nur noch Fehler zu machen und krank zu werden.

Auch Mowgli weiß, wann es richtig ist, um Hilfe zu bitten. Als er von den Affen entführt wird, ist er zuerst verwirrt und erschrocken. Der Gedanke, aus der schwindelnden Höhe der Baumwipfel fallen gelassen zu werden, macht ihm Angst. Das Tempo, das die Affen vorlegen, ist schneller als alles, was er bisher erlebt hat. Und Mowgli erkennt, dass seine Freunde am Boden nicht mithalten können. Er ist auf sich gestellt. Doch anstatt zu schreien und zu verzagen, behält Mowgli einen kühlen Kopf. Er bittet einen Milan, der über den Bäumen seine Kreise zieht, darum, den Freunden zu sagen, wohin die Affen ihn bringen. Mowgli hat von Balu gelernt, dass nur überleben kann, wer die Ruhe bewahrt und so offen ist für neue Lösungen seines Problems.

Wenn der Leistungsdruck steigt und die Ergebnisse immer schneller verlangt werden, dann ist es an der Zeit, die Bremse zu ziehen. Machen Sie es ähnlich wie Mowgli, nutzen Sie die scharfen Augen und die Weitsicht des Milans. Schwingen Sie sich auf den Schwingen des Vogels hoch hinauf über den Dschungel aus Druck und Stress. Nehmen Sie Abstand, atmen Sie durch und verschaffen Sie sich einen neuen Überblick – machen Sie die »Milan-Meditation«!

Übung: *Die Milan-Meditation*

Wenn der Druck zu viel wird und Sie den Wald vor lauter Bäumen nicht mehr sehen können, lehnen Sie sich zurück und schließen Sie die Augen. Atmen Sie tief ein und zählen Sie langsam, mit jedem Atemzug, die Flügelschläge, mit denen Sie sich in die Luft schwingen. Bei zehn haben Sie eine gute Höhe erreicht und der Dschungel breitet sich unter Ihnen aus, wie eine grüne Decke. Machen Sie sich den Abstand, den Sie jetzt haben, ganz bewusst und spüren Sie, wie der Stress da unten im Dschungel immer bedeutungsloser wird.

Lassen Sie Ihren Blick gelassen über den Dschungel schweifen. Machen Sie eine Lichtung ausfindig, auf der eine Aufgabe auf Sie wartet. Dies ist vielleicht die »Lichtung des Monatsabschlusses«. Sehen Sie sich weiter um. Sie entdecken noch eine Lichtung, die für eine andere Aufgabe steht ... So sind über den Dschungel zahlreiche Lichtungen verstreut und jede steht für eine Aufgabe, eine Anforderung. Die Lichtungen liegen alle weit auseinander. Das bedeutet, dass Sie Zeit haben, alle diese Lichtungen *nacheinander* aufzusuchen. Dazwischen schwingen Sie sich wieder hoch hinauf in die Lüfte und behalten den Überblick über Ihre Aufgaben.

Mit dieser Meditation gewinnen Sie Abstand und damit Gelassenheit. So mindern Sie den Druck. Sie machen weniger Fehler, sind trotzdem schneller fertig und am Ende des Tages bleibt Ihnen die Kraft für einen aktiven Feierabend.

Indem Sie sich aus dem Dschungel erheben, lösen Sie sich aus dem Tempo, das Sie mitzureißen drohte. Der neue Überblick rückt alles wieder in eine andere Perspektive: Ihre Arbeit ist überschaubar und leichter zu bewältigen. Von oben gesehen verliert der Dschungel seinen Schrecken. Sagen Sie sich: »Ich habe Zeit, alle Aufgaben in Ruhe und Gelassenheit zu erledigen.« Versuchen Sie, diese Ruhe in sich zu wecken und lassen Sie diese dann in Ihr Bewusstsein dringen. Denken Sie daran, Ihre Pausen einzuplanen, wie Sie es mit einer Aufgabe tun würden. Pausen sind eine Quelle der Kreativität. Der Geist erhebt sich wie der Milan aus dem Dschungel des Denkens, gewinnt Überblick und Freiheit und entdeckt neue Lösungen und Möglichkeiten.

Von Ansprüchen und Erwartungen

Die Werbung in Zeitschriften, auf Litfasssäulen und im Fernsehen zeigt uns eine bunte, scheinbar wundervolle Welt. Ob sonnige Strände mit türkisfarbenem Wasser oder Luxuspaläste, schnittige Autos und schöne Kleider – immer ist es etwas, das wir nicht haben, das bunt ist, glitzert und uns lockt. TV-Serien zeigen uns, wie wir leben sollten, um »in« zu sein, um etwas Besonderes zu erleben. Wir entdecken Bedürfnisse, die wir bis vor Kurzem gar nicht kannten. Die Schlange Kaa versucht uns einzulullen mit ihren hypnotischen Versprechungen.

Plötzlich müssen wir auch zu diesen Stränden eilen, die teuren Markenklamotten besitzen, ein schnelleres Auto fahren und natürlich auf der Karriereleiter drei Stufen auf einmal nehmen. Plötzlich sind wir nicht mehr zufrieden mit dem, was wir haben. Unsere Lichtung, auf der wir bisher sicher und geborgen wohnten, genügt nicht mehr. Wir wollen auch schick, in und beachtet sein.

Warum glauben wir, bestimmte Dinge zu brauchen, die uns doch vorher nicht fehlten?

Die Werbung gaukelt uns eine Welt vor, in der alles locker, alles »easy« ist, wenn wir bestimmte Produkte benutzen, ein bestimmtes Auto fahren und uns in den angepriesenen Marken kleiden. Dann bleiben wir ewig jung, begehrenswert, attraktiv, sind obenauf. Konsumharmonie, wohin das Auge blickt.

Müssen wir, um im Alltagsdschungel überleben zu können, uns selbst verkaufen, unsere eigene Haut zu Markte tragen? Ist das der Preis für die Gemütlichkeit?

- Ich brauche unbedingt …!
- Ich muss mir auf jeden Fall das … noch kaufen!
- Ohne … geht es gar nicht!

Kennen Sie diese Sätze von sich selbst? Oder hören Sie sie von Ihren Freunden? Mit »Ich brauche …« legen Sie einen Anspruch fest, erklären, dass eine bestimmte Sache eine wichtige Bedeutung hat in Ihrem Leben. Doch wie kommt es dazu? Hat dieses Etwas schon immer diese Bedeutung gehabt? Oder messen Sie ihm nur eine Wichtigkeit zu, weil scheinbar jeder, der im Dschungel des Lebens eine Stellung bekleidet, sich damit schmückt? Sind Sie ein Opfer des Strebens nach mehr? Mehr Geld, mehr Luxus, mehr Statussymbole? Mehr Schein, weniger Sein?

Als junger Wolf im Rudel jagten Sie gemeinsam, teilten die Beute und waren zufrieden. Mit Ihren Freunden teilten Sie im Baumhaus, in der Höhle in der Hecke oder auf der Wiese am Fluss Ihre Süßigkeiten. Es spielte keine Rolle, wer etwas besaß. Doch Kinder lernen von den Erwachsenen. Bald stellten Sie fest, dass es eine Bedeutung haben muss, wenn in einer Familie ein größeres Auto gefahren wird, der Urlaub in exotische Länder geht, Kleidung und Schultasche teure Markenware sind. Ihre Eltern verhielten sich diesen Menschen gegenüber respektvoller. So wie die Wolfsjungen im Rudel lernen, wer höher im Rang steht als sie, so lernen die Menschenkinder dies ebenfalls von ihren Eltern. Leider findet die Bewertung auf einer falschen Ebene statt. Der Fehler liegt tief im System, doch Sie müssen sich diesem nicht unterwerfen.

Lösen Sie sich von der materiellen Bewertung. Machen Sie sich bewusst, dass es völlig ohne Bedeutung ist, ob jemand ein großes, neues Auto oder eine uralte Schrottkarre fährt. Der Wert des Menschen definiert sich nicht über seinen Besitz. Auch Ihr eigener Wert ist davon unabhängig. Sie brauchen keine Luxusgüter, um »wer« zu sein. Nicht der Wolf mit dem schönsten Fell wird zum Rudelführer gewählt. Es ist der Wolf, der stark ist und echte Führungsqualitäten besitzt.

In der Welt der Menschen sollten auch eher die innere Stärke, die Achtung gegenüber anderen und der Einsatz für die Gemeinschaft (das Rudel) die Grundlagen der Wertschätzung bilden als Äußerlichkeiten und Reichtum.

Übung: *Welche Prioritäten haben Dinge und Beziehungen in meiner Welt?*

Schreiben Sie auf, was Ihnen wichtig ist im Leben. Bringen Sie die einzelnen Punkte in eine Reihenfolge und legen Sie damit fest, welchen Stellenwert Menschen, Gefühle, Ziele, Dinge etc. in Ihrem Leben haben. Der oberste Punkt in Ihrer Liste ist Ihnen der wichtigste, der unterste der unwichtigste. Prüfen Sie dann Ihre Liste nach folgenden Kriterien:
- An welcher Stelle befindet sich meine Beziehung zu meinem Partner?

- An welcher Stelle finden sich weitere zwischenmensch-
  liche Beziehungen?
- Hat mich die Schlange Kaa hypnotisiert? Sind mir
  Statussymbole wichtiger als der Mensch, der dahinter
  steht?

Sollte dies so sein, werden Sie unnötig viel Kraft und Zeit auf-
wenden, um den Glitzerschein zu erreichen, der Ihnen vorgegaukelt wird. Dabei bleiben Sie selbst mit ihren tiefen inneren
Bedürfnissen auf der Strecke. Die Gemütlichkeit geht verloren. Besonders problematisch wird es, wenn Sie Ihrem Partner gegenüber Erwartungen hegen, die er weder erfüllen kann
noch will, nur um Ihr Wertesystem zu befriedigen. Denn
genau betrachtet zeigt es, dass Sie Ihren eigenen Wert über
den Status des Partners definieren. Das letzte Kriterium, nach
dem Sie ihre Werteliste überprüfen, ist:
- An welcher Stelle steht die Erfüllung meiner Bedürfnisse?

Die wichtigsten emotionalen Bedürfnisse eines jeden Menschen sind Liebe und Anerkennung bzw. Achtung. Sollten Sie
herausfinden, dass Sie sich selbst ganz unten einordnen oder
Ihre Bedürfnisse in der Liste gar nicht vorkommen, dann wird
es Zeit, dass Sie wieder lernen, sich selbst zu schätzen und
etwas für sich tun. Vielleicht sind Sie sich Ihrer wirklichen
Bedürfnisse auch gar nicht bewusst.

 Balu würde Sie Folgendes fragen: »Wenn
ich dich mit mir in den Dschungel nähme,
was wäre dann in diesem Dschungelleben
das Wichtigste für dich?«

Tun Sie sich den Gefallen und beantworten Sie Balus Frage.
Notieren Sie, was Sie wirklich brauchen und welche Bedürf-

nisse dadurch befriedigt werden. Vielleicht steht jetzt etwas ganz anderes dort als auf der obigen Liste. Nun klopft Balu mit seiner Tatze anerkennend auf Ihre Schulter. »Prima«, brummt er. Nun wissen Sie, welche Beute Sie vor den anderen Tieren verteidigen wollen. Nun wissen Sie, worauf sich Ihre Anstrengungen wirklich richten.

Wenn die Affen uns aufmischen

Gerade in den unteren Einkommensgruppen arbeiten viele Menschen zu Affenbedingungen. Trotz eindeutiger Arbeits- und Tarifverträge werden Überstunden verlangt, aber nicht bezahlt. Wer murrt, wird entlassen. Und die Affen halten ihre großen Hände auf, pflücken die süßen Bananen und lassen alle anderen zugucken.

Im Kampf um den Arbeitsplatz wird keine Kollegialität mehr gepflegt, sondern »gemobbt«, wie es so schön Neu-deutsch heißt. Kollegialität erfordert Offenheit und Ver-trauen. Aber gerade das könnte ein Nachteil sein, könnte den Kollegen in eine bessere Position bringen.

- Weiß er etwas über mich?
- Nutzt er es gegen mich?
- Drängt er mich dadurch aus meiner Position, ja gar ganz aus der Firma?

Und die jeweiligen Führer der Affenbande, die in ihrem Reich eigentlich für Ordnung und Frieden sorgen sollten, mischen fröhlich mit. Mal wird der eine Mitarbeiter bevorzugt, mal der andere. Auf diese Weise fühlt sich keiner sicher und wert-geschätzt. Jeder misstraut dem anderen. Echte Teamarbeit wird erschwert. Jeder möchte gerne, dass seine Leistung wahrgenommen und anerkannt wird. Der Einzelne mag nicht in der Gruppe untergehen. Er könnte ja dadurch Aufstiegs-chancen verlieren. Leider wird dieses Problem in vielen Fir-

46

men in unserem Land nicht erkannt. Es ist nicht erwünscht, dass die Mitarbeiter sich besonders gut verstehen. Konkurrenz belebt angeblich die Kreativität, bringt schneller neue Ergebnisse. Die Art und Weise, wie hierzulande diese Konkurrenz geschaffen wird, ist jedoch kontraproduktiv, da sie die Integrität des Angestellten untergräbt. So wird also nicht wirklich an kreativen Lösungen der Aufgabenstellung gearbeitet. Die Kreativität wird dafür eingesetzt, sich selbst in ein besseres Licht zu rücken oder die Leistung des Kollegen abzuwerten.

Dabei würden sich mit echter Kollegialität und mit Gemütlichkeit viel bessere Lösungen finden, die dann genauso schnell vorliegen.

Mowglis Wolfsrudel hat schon eine Menge von Balu gelernt. Während die Affen immer noch unorganisiert den Dschungel durchstreifen und sich gegenseitig bei der Nahrungssuche behindern, sich sogar untereinander die Brocken streitig machen, jagen die Wölfe gemeinsam. Mowgli, der weder über Reißzähne noch über Klauen verfügt, hat die Aufgabe, den Wölfen die Beute entgegenzutreiben. Nach erfolgreicher Jagd bekommt jeder seinen Teil ab. Wenn jeder einzelne Wolf im Rudel satt ist und sich gestärkt hat, dann ist auch das Rudel als Ganzes stark. Bei den Affen bleiben immer einzelne auf der Strecke. Dies schwächt die ganze Affenbande.

Viele Menschen befinden sich am Arbeitsplatz unter Affen. Sie finden sich in Situationen wieder, die Kräfte zehren, zermürben und das Selbstwertgefühl aushungern. Sie müssen ständig um ihren Anteil kämpfen, befinden sich in einer ungesunden Konkurrenzsituation, die nicht belebt und die Produktivität fördert, sondern die ausbrennt. Eine Bestätigung ihrer Persönlichkeit bleibt aus, da nur Teilergebnisse auf ein positives Echo stoßen – und dies auch nicht dauerhaft. Die Beute kann schnell entrissen werden. Der Mensch, der nur als Ergebnis seiner Arbeit gesehen wird, fühlt sich minderwertig. Verstärkte Anstrengungen zu zeigen, wie gut und wertvoll man ist, erhöhen den Stress. Schluss ist mit Gemütlichkeit.

Sehen wir uns doch mal so einen Alltag im Dschungel an: Peter ist früh aufgestanden. Er frühstückt nicht, sondern trinkt schnell einen Instantkaffee und isst ein halbes Brötchen am Bahnhof, während er auf die S-Bahn wartet. Im Zug liest er schnell eine oder zwei Seiten im Wirtschaftsteil der Zeitung. Kaum im Büro angekommen, kippt er einen weiteren Kaffee hinunter und eilt ins Sitzungszimmer. Insgeheim würde er lieber schon produktiv arbeiten, denn was hier besprochen wird, könnte er auch in Form einer kurzen Zusammenfassung erfahren.

Endlich an seinem Platz klingelt das Telefon. Ein Kollege hat eine Frage zur Sache. Die ist schnell abgehandelt. Die Tür geht auf. Ein anderer Kollege kommt herein. Er hat das Bedürfnis, die Fußballergebnisse vom Wochenende zu besprechen. Obwohl Peter die Arbeit unter den Nägeln brennt, will er nicht unhöflich erscheinen und lässt sich auf das Gespräch ein. Nach zwanzig Minuten kann er endlich anfangen. Aber nun kommt Frau Z., der eine Unterschrift auf dem Entwurf vom Vortag fehlt. Kurz darauf steckt der Chef den Kopf zur Tür herein: »Läuft's bei Ihnen?« – »Klar, alles bestens.« Von wegen. So geht es den ganzen Tag weiter.

Peter hat das Gefühl, im Treibsand zu versinken. Er fühlt sich schwach und glaubt, nur durch besonderen Einsatz seinen Wert beweisen zu können. Außerdem: Jeder ist ersetzbar. Leider gilt das auch für die Position als Ehemann. Das macht Peter Sorgen. Er weiß, er hat nicht die Zeit, die Frau und Kinder von ihm wünschen, schenkt ihnen nicht die Aufmerksamkeit, die sie brauchen.

Doch wie soll er das ändern? Und wo bleibt er selbst?

Was hält Balu von diesem Affenzirkus?

Balu schüttelt seinen zotteligen Kopf. Peter stolpert durch seinen Tag. Die Affen werfen ihn herum, treiben ihr Spiel mit ihm.

Wie kann Peter wieder Herr seiner selbst werden? Und gibt es einen Weg, all den Ansprüchen gerecht zu werden und mit dem Tempo des Dschungels mitzuhalten, ohne verschlissen zu werden?

»Versuch es mit Gemütlichkeit!«

Das sind die Worte, die Balu rufen würde, während er sich an den Fluss setzt und seine Füße ins Wasser hält. Balu legt Peter den pelzigen Arm über die Schulter. »Warum«, brummt er, »fühlst du dich schwach? Erkennst du deine Stärken nicht? Glaubst du, nur weil du nicht die gleichen Fähigkeiten hast wie der Tiger, die gleichen Reißzähne und Krallen, bist du schwächer oder weniger wert als dieser? Oder denkst du gar, es zeugt von besonderer Leistung, wie ein Affe von Baum zu Baum zu schwingen?

Müssen wir denn alle Affen oder Tiger sein? Das wäre doch gegen die Natur des Dschungels! Du bist genau richtig! Du bist ein ganz wertvolles Mitglied der Dschungelgemeinschaft. Stell dir vor, es gäbe keine Würmer, die den Boden lockern, in dem die Pflanzen wachsen; keine Käfer, die die abgestorbenen Teile beseitigen, und keine Schmetterlinge, die uns auf die Schönheit unserer Natur aufmerksam machen! Jedes Ding hat seinen Platz. Dort ist es unersetzbar. Dort ist es wichtig. So ist es auch mit dir.«

Balu glättet einen Streifen Sand am Flusslauf und fordert Peter auf, eine Liste all seiner Fähigkeiten zu erstellen. Peter ist überrascht, wie viel da zusammenkommt. Nicht nur im Beruf, auch bei seinen Hobbys und im Privatleben gibt es viele Dinge, die er wirklich gut kann. Er hatte es nur vergessen. Dann lässt Balu Peter aufschreiben, wer von diesen Fähigkeiten profitiert und wem damit Freude gemacht wird.

So erkennt Peter, dass er in unterschiedlichen Bereichen seines Lebens mal der Wurm, mal der Tiger und mal der Schmetterling ist.

»Siehst du«, brummt Balu. »So sollte es jeder machen«. Lassen Sie sich auch von Balu animieren, Ihre Begabungen und Ihren Wert wiederzuentdecken: Erstellen Sie eine Liste mit all Ihren Fähigkeiten.

»So«, ergänzt Balu, »kommen wir zum Thema ›Überleben im Dschungel‹. Du kennst nun deine Fähigkeiten und deinen Wert. Du kannst jedoch im Dschungel nur überleben, wenn du auch deinen Standpunkt kennst und dich nicht von den Affen umherwerfen lässt«.

Ob man jagt oder selbst gejagt wird – was im Dschungel ja ein ständiges Wechselspiel ist –, man braucht einen Standpunkt, einen sicheren Rundumblick. Das richtige Einschätzen der Situation und der Fluchtmöglichkeiten ist überlebenswichtig. Machen Sie mit Balu die Übung zur Standortbestimmung.

Übung: *Standortbestimmung*

Setzen Sie sich gemütlich in Ihren Sessel. Nehmen Sie einen Schreibblock zur Hand, stellen Sie sich einen Tee oder Kaffee dazu und atmen Sie tief durch. Nun notieren Sie die Antworten auf folgende Fragen:

- Was belastet mich?
- Schreiben Sie auf, was in Ihrem Leben kräftezehrend wirkt. Gliedern Sie nach privaten und beruflichen Unterpunkten.

- Was erwarte ich von anderen?
  Notieren Sie die Erwartungen, die Sie an die wichtigsten Personen aus Ihren verschiedenen Lebensbereichen stellen.
- Was glaube ich, erwarten andere von mir?
  Stehen Sie durch mögliche oder wahrscheinliche Erwartungen unter Druck, ohne wirklich zu wissen, ob diese Erwartungen tatsächlich bestehen?
- Wie vermittle ich meine eigenen Erwartungen und Wünsche? Werde ich verstanden?
  Denken Sie daran: Niemand kann Ihre Gedanken lesen. Gewöhnen Sie sich an, alle Wünsche klar zu formulieren. Andeutungen fallen zu lassen in der Meinung, der Partner/Freund/Kollege würde schon wissen, was gemeint ist, führt selten zum Erfolg.
- Was tue ich, um anderen ihre Wünsche zu erfüllen? Bin ich aufmerksam oder nachlässig?
  Geben und Nehmen müssen ausgeglichen sein. Wenn Sie wollen, dass jemand etwas für Sie tut, sollten Sie genauso bereit sein, auch für andere da zu sein.
- Was tue ich für mich?
  Opfern Sie sich nur für andere auf? Wann haben Sie sich selbst zuletzt etwas Gutes getan?

Wenn Sie alle Fragen gründlich durchdacht und beantwortet haben, steht Ihr derzeitiger Standpunkt fest. Das ist doch schon ein prima Anfang. Sie haben die Affenbande ausgebremst. Sie werden nicht mehr herumgeworfen.

Nun können Sie konkret etwas tun, etwas verändern. Die letzte Frage auf Ihrem Notizblock lautet daher:
- Was will ich in Zukunft anders machen?
  Eine Reihe von Ideen wird vor Ihrem geistigen Auge vorbeiziehen. Balu ahnt aber schon, welche Einwände nun kommen: »Das kann ich nicht« und »Das geht doch nicht«.

 **Der Balu-Tipp** Balu brummt und schüttelt den Kopf. Lassen Sie sich immer noch von der Liane fesseln? Es ist doch ganz einfach. Balus Strategie heißt: »Geht nicht gibt es nicht!«

Nehmen Sie an, es gäbe keine Begrenzungen in Ihrem Leben, keine Zwänge und keine Verpflichtungen. Nehmen Sie es einfach nur mal an: *Alle Wege stehen Ihnen offen.* Notieren Sie alles, was Sie unter diesen Umständen tun könnten. Weiten Sie Ihren Horizont. Steigen Sie mit Balu auf einen Berg und schauen Sie ins weite Land der Möglichkeiten. Es liegt offen ausgebreitet vor Ihnen. Und nun schreiben Sie!

Von all den Möglichkeiten, die Sie nun notiert haben, wählen Sie zwei aus, die Sie sofort und ohne große Umstände verwirklichen können.

Vielleicht, dass Sie – anstatt sich abends den TV-Zwängen zu unterwerfen – mit der Familie regelmäßig einen Spieleabend machen und sich einen Abend in der Woche für ein ganz eigenes Hobby freinehmen. Für die anderen Dinge ist später Zeit. Denn davon haben wir im Überfluss. Sie glauben mir nicht? Fragen Sie Balu!

Die Falle »Erwartung«

Erwartungen sind in der Regel Vorstellungen und Wünsche, die wir anderen gegenüber hegen, die diese aber nicht kennen oder nur erahnen können. Durch Erwartungen entsteht Druck auf der einen Seite, Enttäuschung auf der anderen.

Streichen Sie das Wort »Erwartung« aus Ihrem Wortschatz. Üben Sie, frei von Erwartungen zu sein. Wenn Sie einen Wunsch hegen, der sich auf eine andere Person bezieht – sei es, dass Ihnen der Partner mal wieder eine kleine Aufmerksamkeit mitbringt oder das Kind in einem Schulfach mehr Engagement zeigt –, dann sagen Sie ganz direkt und ganz klar, was Sie sich vorstellen. Nur so können Druck und Enttäuschung vermieden werden.

Immer im Dschungel jagen

Christian geht abends nach der Arbeit oft in die Kneipe an der Ecke. Susa nutzt jede Gelegenheit, um mit ihren Freundinnen zusammen zu sein und auszugehen oder sie lädt »ihre Mädels« zu einem Sektfrühstück am Sonntag ein. Wie Christian benutzt sie ihre kleine Wohnung eher als Schlafplatz. Sie verbringt so wenig Zeit wie möglich zu Hause. Der Sonntag ist besonders schlimm. Die meisten Geschäfte sind geschlossen, die Freunde nicht immer verfügbar, allein sein ist angesagt. So wie Susa und Christian geht es vielen Menschen. Sind sie allein, fühlen sie sich einsam. Sie können mit sich selber nichts anfangen.

»Bin schon so lang allein. Welcher nette Mann erlöst mich aus der Einsamkeit?« oder »Suche nette ›Sie‹ für gemeinsame Wochenendaktivitäten« – solche und viele andere Anzeigen finden sich zuhauf in allen Zeitungen. Die Anzahl der Singlehaushalte in Deutschland nimmt zu. Viele Menschen klagen über Einsamkeit.

Einsamkeit ist eine seltsame Sache. Je mehr Aufmerksamkeit wir ihr schenken, je mehr wir sie uns bewusst machen, desto einsamer fühlen wir uns. Das Komische ist, dass sich Susa und Christian nicht weniger einsam vorkommen, wenn er in der Kneipe sitzt oder sie mit den Freundinnen ins Kino geht. Irgendwie ist die Einsamkeit immer dabei. Sie lauert im Hintergrund wie Shir Khan der Tiger hinter einem Busch.

Beide sind sehr unzufrieden mit ihrem Leben. Sie laufen durch den Alltagsdschungel und sind dabei immer auf der Suche nach dem Etwas oder dem Jemand, das oder der sie erlöst. Susa hat sogar schon daran gedacht, mit Fredo, dem Sachbearbeiter der Nachbarabteilung, auszugehen, der sie immer so eindringlich ansieht. Eigentlich gefällt er ihr nicht, aber die Prinzessin hat doch auch den Frosch geküsst und einen Prinzen bekommen! Christian hat das Gefühl, dass ihn niemand will. Nicht als Squash-Partner, nicht als Lebenspartner und neuerdings nicht einmal mehr als Gesprächspartner in der Kneipe. Dabei erzählt er jedem, wie einsam er ist und dass er eigentlich so gerne etwas anderes unternehmen möchte, als jeden Abend an der Theke zu sitzen und ins Glas zu sehen oder vor dem Fernseher einzuschlafen.

Vom Jagen und Sattsein

Die Unzufriedenheit und die emotionale Bedürftigkeit, die Susa und Christian ausstrahlen, schrecken viele Menschen, die ihnen begegnen, ab. Auch Susa bekommt das zu spüren. Die Freundinnen wollen nicht jeden Abend der Woche mit ihr verbringen. Susa fühlt sich dann oft zurückgestoßen und ungeliebt. So sitzt sie heulend auf dem Sofa und wünscht jemanden herbei, der sie tröstet und für sie da ist.

Irgendwann haben sich Susa und Christian dann kennengelernt. Beide glauben, nun sei die Zeit des Jagens nach Abwechslung im Dschungel vorbei. Nun hätten sie gefunden, was sie suchten. Aber bald sitzen sie gemeinsam vor dem Fernseher und fühlen sich so einsam wie zuvor. Christian beginnt wieder in die Kneipe zu gehen, und Susa frischt den Kontakt zu ihren Freundinnen auf. Damit die Wochenenden nicht in Einsamkeit ertrinken, gehen beide zu jeder Party, die irgendwo stattfindet, oder sie geben selbst eine. Susa stürzt sich in Einkaufs- und Renovierungsorgien, die ihr helfen sollen, ihre innere Unzufriedenheit loszuwerden. »Lass uns zusammenziehen«, »Lass uns das Wohnzimmer neu streichen«, »Wir brauchen neue Vorhänge«, »Wir brauchen ...« – es nimmt kein Ende. Susa und Christian jagen, aber sie sind nie satt.

Die beiden wissen nicht, wie sie sich selbst glücklich machen können. Sie glauben, dazu ist ein Partner, sind Aktivitäten und Dinge nötig. Sie haben nicht erkannt, dass Glück und Zufriedenheit Schwestern sind. Doch das Haus der Schwestern ist nicht außerhalb des eigenen Seins zu finden, Glück und Zufriedenheit wollen im Inneren wohnen. Daher sollte die Wohnung, die wir ihnen bieten, auch schön sein. Wenn wir selber diese Wohnung nicht beziehen wollen, immer nach außen schauen, anstatt uns einmal gründlich um die innere Renovierung zu kümmern, dann ziehen die Schwestern ebenfalls nicht ein.

 Bären wie Balu würden nie in eine dunkle, ungastliche Höhle ziehen. Dort fehlt es einfach an Gemütlichkeit. Gemütlichkeit braucht Wärme, innere Wärme.

Ein Mensch mit einer positiven Ausstrahlung verfügt über diese innere Wärme. Es spielt keine Rolle, ob der Dalai Lama oder einfach nur Ihre Nachbarin die Person ist, deren Ausstrahlung Sie bewundern. Menschen, die zufrieden sind, wirken auf alle anderen anziehend. Sie kennen weder Neid noch Missgunst, sie unterstützen jeden, der sie darum bittet, nach ihren Möglichkeiten und achten dabei darauf, sich selbst nicht in einem »Helfersyndrom« zu verlieren. Diesen Menschen bedeutet es nichts, öffentlich hervorgehoben zu werden. Sie erfreuen sich an der Freude, die sie schenken. Ein Mensch, der Glück und Zufriedenheit ausstrahlt, ist ein Geschenk für seine Mitmenschen.

Viele Menschen jagen diesem Glück hinterher, hungern danach und erfahren doch nie, wie es ist, satt vor Glück zu sein. Das Glück lässt sich nicht jagen. Das Glück lässt sich nur einladen.

Balu zeigt Mowgli, wie man sich Glück in seine Höhle einlädt. Während er mit dem Jungen den Dschungel durchstreift und ihn in dessen Geheimnissen und Regeln unterrichtet, genießt er den Tag, als wäre dieser die Schatztruhe des alten Maharadscha und er selbst das wertvollste Juwel darin. Balu jagt nicht dem Schönen und den Reichtümern hinterher, um sie zu fangen. Er bleibt gelassen, verbreitet Gemütlichkeit. So kommen die Glücksmomente ganz von selbst zu ihm.

Mowgli versucht es Balu nachzumachen. Auf diese Weise lernt auch er, mit sich und seinem Leben im Dschungel zufrieden zu sein.

Übung: *Wer ist der Balu in meiner Welt?*

Finden Sie heraus, wer in Ihrem Leben den Balu verkörpert. Notieren Sie, welche Eigenschaften diesen Menschen für Sie so besonders machen. Wie drücken sich diese Eigenschaften aus? Finden Sie konkrete Situationen, in denen dieser Mensch so handelt, wie Sie es nie tun, jedoch gerne tun würden.

Machen Sie es wie Mowgli: Versuchen Sie, etwas von dem Verhalten, das Sie bewundern, in Ihr eigenes Leben zu integrieren.

Vom Suchen und Finden

Balu geht mit offenen Augen und offenem Herzen durch seinen Dschungel. So nimmt er viele Kleinigkeiten wahr, die Mowgli zuerst noch übersieht. Balu sammelt die Schätze des Dschungels ein, füllt seine innere Schatztruhe damit. So hat er in Zeiten, die schwieriger sind, immer ein paar Juwelen, an denen er sich erfreuen kann. Doch dafür ist es notwendig, seine Wahrnehmung zu verändern.

 Machen Sie zusammen mit Balu einen Spaziergang. »Sieh dich dabei ganz bewusst um«, rät Balu. »Gehe langsamer als gewöhnlich. Nimm den Duft wahr, der in der Luft liegt, betrachte und erspüre den Boden unter den Füßen.«

Besonders schön ist es, wenn Sie barfuss gehen können, auch bei Raureif im Gras. Sehen Sie sich ganz bewusst die Kleinigkeiten am Wegrand, die Farben und Strukturen auf Mauern, Baumrinden und Blättern an. Berühren Sie die feinen Oberflächen zarter Frühlingsblätter oder kalter Eiskristalle. Bestaunen Sie die Diamanten, die als Morgentau oder nach einem Regenschauer an Gräsern, Blüten und Zweigen hängen. Finden Sie Ihre Schätze und genießen Sie ganz intensiv diese Entdeckungsreise in eine Welt, die Sie schon zu kennen glaubten. An trüben und traurigen Tagen öffnen Sie dann Ihre Schatzkiste. Erinnern Sie den Duft des frischen Tages, die Lichtbrechungen in einem Wassertropfen, die Schönheit einer Libelle auf einem Blatt, das Gefühl gelassenen Genusses.

Wer die Schönheit der Welt im Kleinen findet, der hat weniger das Bedürfnis, ständig große Besonderheiten zu erleben. Er wird zufriedener mit dem, was sein persönlicher Dschungel bereithält.

Christian und Susa können so lernen, ihren Blick für das, was glücklich macht, zu schärfen. Sie lernen dabei, dass es nicht die Suche nach dem Glück ist, die sie das Glück finden lässt. Wer aufmerksam und bewusst seinen Dschungel durchstreift, der findet, ohne zu suchen. Ganz unerwartet entdeckt er etwas Schönes und hat doch vorher gar nicht daran gedacht. Suchen bedeutet, bewusst nach etwas Ausschau zu halten. Dazu müssen Sie wissen, was Sie suchen. Wie sieht es aus? Wie hört es sich an? Wie riecht und schmeckt es? Finden hingegen bedeutet, etwas zu entdecken, auf das Sie gar nicht eingestellt waren. Wer sucht, der begrenzt seine Wahrnehmung. Wenn Sie glauben, das Glück in einem bestimmten Menschen, einem bestimmten Ereignis oder einer bestimmten Sache zu finden, dann ist es möglich, dass Sie das Glück – kommt es in anderer Gestalt daher – gar nicht erkennen. Gehen Sie also nicht suchen, gehen Sie finden!

Übung: *Mein persönliches Glück*

Allerdings ist es hilfreich, wenn Sie wissen, was Glück für Sie eigentlich ist. Das können Sie herausfinden, wenn Sie Balu auf seiner Lichtung am Fluss besuchen. Legen Sie sich neben ihn in das weiche, warme Gras und schließen Sie einen Moment die Augen. Fragen Sie sich, wie sich Glück anfühlt und spüren Sie tief hinein in Ihren Körper. Versuchen Sie, das Gefühl »Glück« ganz deutlich wahrzunehmen.

An dieser Gefühlsliane hangeln Sie sich nun zuerst zurück in die Vergangenheit. Welche Ereignisse haben früher dieses Gefühl in Ihnen ausgelöst? Versuchen Sie, sich die Auslöser für das Empfinden von Glück ganz deutlich zu machen. Hangeln Sie sich nun an der Liane in die Gegenwart zurück. Wo taucht das Glücksgefühl hier auf? Oder fehlt es in Ihrem momentanen Leben?

Dann hangeln Sie sich weiter hinein in die Zukunft. Was könnte Sie in der nahen und fernen Zukunft glücklich machen? Betrachten Sie in einem Tagtraum, wie Ihr Verhalten dazu beiträgt, dass diese Glücksmomente auch eintreten. Für jeden bedeutet Glück etwas anderes. Kreieren Sie sich Ihr ganz persönliches Glück.

Allein unter Wölfen: wie man mit Einsamkeit umgeht

»Aber«, argumentiert Susa, »damit bin ich immer noch nicht das Gefühl von Einsamkeit los. Woher kommt das?«

Wer Angst vor Einsamkeit hat, der betrachtet seine Gefühle nicht aus dem richtigen Winkel heraus. Er schenkt negativen Gefühlen zu viel Beachtung, gibt ihnen eine Macht, die ihnen nicht zusteht. Balu genießt es, allein zu sein. Er liegt auf einer Lichtung, kratzt seinen Pelz und nascht ein paar Früchte. Auch er fühlt sich manchmal einsam, denn es gibt keinen anderen Bären, mit dem er sich austauschen könnte. Die Bären sind schon lange aus dem Dschungel verschwunden. Nur Balu ist zurückgeblieben, um die jungen Wölfe zu unterrichten. Doch das macht ihm nichts. Er würde es Mowgli, der ebenso keinen gleichartigen Gefährten hat, so erklären:

»Einsamkeit ist ein Gefühl, das uns überfallen kann wie hungrige Ameisen. Es nützt nichts, darüber nachzugrübeln. Es vergeht wieder. Wenn du Hunger hast, dann isst du, wenn du Durst hast, dann trinkst du. Wenn dein Rücken juckt, dann kratzt du dich. Hunger, Durst, Jucken – das kommt immer wieder und du denkst nicht groß darüber nach. Mach es genauso mit dem Gefühl der Einsamkeit. Betrachte es, damit es sich angenommen fühlt, denke jedoch nicht darüber nach. In dir gibt es eine Vielzahl von Gefühlen, die innerhalb kurzer Zeit immer wieder auftauchen. Du ärgerst dich über den Lärm der Affen in den Baumwipfeln; die grollenden Laute Shir Khans, der in der Nacht den Dschungel durchstreift, machen dir vielleicht Angst, und eine erfolgreiche Jagd erfüllt dich mit Freude und Stolz. Darüber denkst du auch nicht nach. Wenn du aber dem Gefühl der Einsamkeit einen besonderen Raum gibst, dann verhält es sich wie die Schlange Kaa, wenn sie mit hypnotischer Stimme ihre Opfer in ihren Bann zieht. Dann lässt dich die Einsamkeit nicht mehr los.«

Wenn Sie sich einsam fühlen oder einfach traurig sind, erkennen Sie diese Gefühle an. Und dann greifen Sie tief in Ihre Schatztruhe. Erfreuen Sie sich an den Schätzen der Freude und des Glücks, die Sie gesammelt haben. Sie werden erstaunt sein, was sich alles findet. Erinnern Sie sich an einen schönen, gemütlichen Sommertag, den Sie im Liegestuhl mit einem guten Buch oder in netter Gesellschaft verbracht haben. Spüren Sie die Sonne auf Ihrer Haut und entdecken Sie dann das gesammelte Sonnenlicht in Ihrem Inneren. So verlieren die Einsamkeit und jedes andere traurige Gefühl ihre Macht über Sie. Sie selbst entscheiden, welchem Gefühl Sie nachgeben wollen. So ist Ihre Gefühlswelt kein Dschungel, in dem Sie sich verlaufen. Sie kennen die geheimen Pfade zu den schönen Plätzen in Ihrem Dschungel und können diese aufsuchen, wann immer es Ihnen gefällt!

Auch Mowgli unterliegt den negativen Einflüssen der Einsamkeit. Er sucht Freunde, die ihm ähnlich sind. So gelingt es der Affenbande, Mowgli zu allerlei dummen Spielen zu verlocken. Balu warnt seinen Schüler, denn Mowgli erkennt noch nicht die Gefahren des lockeren, verantwortungslosen Affentreibens. Er findet das wilde Toben zuerst ganz spaßig. Doch dann muss er am eigenen Leib erfahren, dass die Affen nicht seine Freunde sind, sondern ihn nur benutzen und Unsinn mit ihm anstellen. Bevor Sie sich also falschen Freunden anschließen, weil Sie noch nicht gelernt haben, mit sich allein zu sein, denken Sie an Mowglis Erfahrungen.

Sich selbst ein guter Gesellschafter zu sein, ist gar nicht schwer. Betrachten Sie die Zeit, die Sie allein sind, als ein Geschenk. Nutzen Sie sie, um sich selbst etwas Gutes zu tun. Wann haben Sie das letzte Mal ein Candle-Light-Dinner nur für sich bereitet? Oder einen gemütlichen Schönheitstag eingelegt? Ist es nicht herrlich, einfach mal sich selbst zu verwöhnen, keine Rücksicht auf die Wünsche anderer nehmen zu müssen?

Der Dschungel-Wohlfühltag –
genügen Sie sich selbst

Beginnen Sie Ihren Dschungeltag mit einem Bad oder einer Dusche der besonderen Art. Benutzen Sie wohltuende und pflegende Essenzen, streuen Sie sich Blüten ins Wasser und reiben Sie den Körper mit duftenden Ölen ein. Sie müssen nicht einmal viel Geld ausgeben: Für ein entschlackendes Pflegebad geben Sie einfach zwei Päckchen Meersalz auf ein Vollbad. Streuen Sie bunte Blüten auf das Wasser; Sie können im Blumenhandel nach abgebrochenen Blüten fragen oder je nach Jahreszeit im eigenen Garten oder auf Wiesen Blüten pflücken.

Wer nicht gern in Salz badet (die Haut wird davon aber schön zart und glatt), der kauft am Vortag zwei Liter Buttermilch. Nach maximal 15 Minuten beenden Sie das Bad und spülen den Körper mit klarem Wasser ab. Ölen Sie ihren Körper mit etwas Sonnenblumenöl ein, dem Sie einen ätherischen Duft Ihrer Wahl hinzugefügt haben.

Wer der Haut etwas Gutes tun will, der reibt das Öl auf die noch feuchte Haut und massiert es dann sanft ein. Wer lieber unter die Dusche steigt, stellt sich vor, er stünde unter einem belebenden Wasserfall. Duftlampen oder Räucherstäbchen fördern die exotische Atmosphäre.

Bereiten Sie sich dann ein ausgiebiges Dschungelfrühstück. Dazu können Joghurt und frische Früchte gehören, belebender Tee, z. B. mit Ingwer, oder Kaffee bzw. Kakao. Gönnen Sie sich, was Ihnen schmeckt und was Sie sonst nicht zum Frühstück essen, weil Sie den Aufwand scheuen.

Ziehen Sie sich danach dem Wetter gemäß an und machen Sie einen langen Spaziergang. Erkunden Sie die Wunder Ihrer Dschungelwelt.

Nachdem Sie Ihre Gedanken an der frischen Luft geklärt haben, wäre Zeit für eine gemütliche Pause in Ihrem Lieblingssessel, eine Mal- oder Bastelstunde oder was Ihnen sonst gefällt.

Kredenzen Sie sich zum Abend ein Candle-Light-Dinner mit feinen Getränken. Wählen Sie Vorspeise, Hauptspeise und Dessert je nach Vorliebe und Kochkunst aus oder lassen Sie sich etwas liefern. Auch ein Restaurantbesuch wäre eine Möglichkeit. Aber: Gehen Sie allein. Seien Sie sich selbst der beste Gesellschafter. Genießen Sie die Mahlzeit ohne Ablenkung. Sehen Sie sich in den Pausen zwischen den Gängen gelassen um und machen Sie sich bewusst, dass Sie sich selbst genügen.

Wenn Ihnen das komisch vorkommt, stellen Sie sich vor, Sie wären in netter Begleitung – Ihrer eigenen. Ihr Doppelgänger sitzt Ihnen gegenüber und Sie lauschen interessiert seinen Erzählungen.

Solch ein Dschungel-Wohlfühltag sorgt dafür, dass Sie sich selbst wieder bewusster wahrnehmen. Wenn wir uns selbst nicht wahrnehmen und wie ein Gespenst durch den Dschungel schleichen, kann auch niemand anderes uns wirklich wahrnehmen. Wir sind graue Mäuse oder Blumen ohne Blüte. Dann versuchen wir krampfhaft, Anschluss zu finden, und ernten immer wieder Zurückweisungen. Wenn wir signalisieren, dass wir mit uns selbst zufrieden sind, sind wir plötzlich auch für andere interessant. Denn sich selbst zu genügen ist eine Fähigkeit, die sich viele Menschen wünschen, doch wissen sie nicht, wie sie sie erlangen können. Gehen Sie mit gutem Beispiel voran!

Im Dschungel verlaufen –
mit Balu zum Ziel finden

Balu betrachtet die jungen Wölfe in seiner Dschungelschule. Gerade haben sie eine wichtige Lektion gelernt: Der Dschungel ist immer jung, immer neu. Nun hat er seine Schüler hinausgeschickt, Neues zu entdecken auf den alten Pfaden, die sie schon kennen. Auch Mowgli ist mit von der Partie. Die jungen Wölfe lernen spielerisch. Sie tollen hierhin und dorthin. Dabei machen sie sich keine Gedanken darum, ob sie sich verlaufen könnten. Irgendwie, da sind sie ganz sicher, finden sie schon zurück. Balu passt ja auf sie auf. So kann ihnen nichts geschehen. Sie verlassen sich auf ihren großen, zottigen Lehrmeister und können daher ganz sie selbst sein. Balu schmunzelt. Gut ist es, jung zu sein. Mit einer gesunden Neugierde erkunden seine Schüler ihre Welt. Wenn Balu sie am Abend wieder zurück in ihre Familienhöhlen bringt, raufen sie um einen leckeren Brocken Fleisch und prahlen mit ihren Erfolgen und Leistungen. Später schmiegen sie sich auf ihrem Nachtlager in absoluter Vertrautheit aneinander, so lauschen sie den Geschichten der alten Wölfe und genießen die Gemütlichkeit. Wie sieht es in Ihrem Alltag aus?

Wenn wir den Kinderschuhen entwachsen sind, einen Beruf ergreifen und eine Familie gründen, kann es passieren, dass wir uns im Dschungel verlaufen. Kein Balu ist da, der auf uns aufpasst, uns auf den richtigen Weg zurückführt. Wir müssen selber unseren Weg finden. Gehen wir in die falsche Richtung, landen wir in den Ruinen der Affenstadt und werden zum Spielball einer gnadenlosen Affenbande. Mowgli hat es selbst erfahren, als er die alte Stadt verlassen wollte. Die Affen zwickten und schubsten ihn: »Wir sind großartig, wir sind frei, wir sind wundervoll! Wir sind die wunderbarsten Wesen hier, und da wir alle dies sagen, muss es wahr sein. Du bist dumm, wenn du uns verlassen willst«, so kreischten sie ihm ins Ohr. Aber Mowgli hat von Balu gelernt, dass die Affen ein dummes Volk sind, und so schüttelt er nur den Kopf und bemüht sich weiter, aus der Gefangenschaft zu fliehen.

Die vielfältigen Anforderungen des Erwachsenenalltags können leicht dazu führen, dass wir plötzlich in der Affenstadt landen, hin und her gezerrt werden und uns in einem Verließ voller gefährlicher Schlangen wiederfinden, wie Mowgli, den die Affen dort vor Baghira dem Panther verstecken wollten. Zahlreiche schwierige Entscheidungen werden plötzlich von uns verlangt. Es gilt, Vipern zu bezirzen, damit sie uns nicht beißen, Nahrung für das Familienrudel zu beschaffen und vieles mehr. Besonders als Frau hat man eine Menge Aufgaben und Verpflichtungen, die nichts mehr mit dem spielerischen Lernen der Kindheit zu tun haben. Alles ist plötzlich ernst und schwer. Doch so macht das Leben keinen wirklichen Spaß.

In der Erwachsenenwelt verlaufen

Sehen wir uns Karen an. Als Kind war Karen sehr lustig und aufgeweckt. Immer wieder heckte sie kleine Streiche aus, war neugierig und steckte schon mal ihre Nase in Dinge, die Kinder nichts angehen. Als sie zur Schule kam, entdeckte sie die Welt des Lernens auf ganz neue Art. Obwohl sie nun Dinge tun musste, die sie langweilig fand, wie z.B. Seiten mit Buchstaben vollmalen, wurde sie eine gute Schülerin und schloss später ihr Studium ebenfalls gut ab. Die Berufswelt gestaltete sich dann ganz anders, als Karen es sich vorgestellt hatte. Ihre Munterkeit und ihre Ideen waren nicht gefragt. Sie musste die Vorgaben der Geschäftsleitung umsetzen, eigene Kreativität war nicht erwünscht. Auch das Privatleben gestaltete sich nicht mehr so bunt wie früher. Ihre Freunde zerstreuten sich über das Land, je nachdem, wo sie Arbeit fanden. Die anderen waren abends von all den Anforderungen müde. Das

Leben wurde eintönig und anstrengend. Karen selbst stellte fest, dass sie ihre unbeschwerte Lebendigkeit verloren hatte.

Balu kennt das Problem. Die älteren Wölfe demonstrieren gerne ihre gesittete Überlegenheit den jungen Wölfen gegenüber. Sie murren und klagen über ihren faulen und verspielten Nachwuchs. Balu schmunzelt. Um diese alten Wölfe muss er sich nicht sorgen. Er weiß genau, dass sie seit Jahren seinen Rat beherzigen.

 Einen Rat, den er Ihnen hier auch gerne gibt: »Lass das Kind in dir lebendig sein!«

Die kürzeste Zeit unseres Lebens fällt in unsere Kindheit. Erwachsen sind wir dann noch lange genug. Wer sich ab und zu eine Liane greift und lustig durch die Luft saust, hat einfach mehr vom Leben. Darum balgen sich die alten Wölfe spielerisch mit den Jungen, tun so, als wären sie selbst noch klein. Haben Sie schon einmal an einem Klassentreffen teilgenommen? Wenn nicht, organisieren Sie selbst eins. Sie werden erstaunt sein, wie jung und verspielt die älter gewordenen Klassenkameraden plötzlich wieder sind. Da laufen genau dieselben Neckereien untereinander ab wie damals in der Schule. Ehemalige Paare flirten wieder miteinander und es wird über alte Streiche gelacht. Es kommt Ihnen vor, als wären Sie erst gestern zusammen in der Schule gewesen und nicht schon vor zwanzig Jahren.

Finden Sie die Leichtigkeit und die Gemütlichkeit Ihrer Kindheit wieder. Akela, der alte Wolf, der das Rudel, in dem Mowgli lebt, leitet, denkt gern an seine jungen Jahre zurück. Aus seinen Erfahrungen und Erinnerungen heraus trifft er weise Entscheidungen. Er ist der älteste des Rudels und kennt seine Wölfe genau. So kann er ihre positiven Eigenschaften zum Wohl des Rudels fördern und nutzen. Nutzen auch Sie die verborgenen Kräfte Ihrer Kindertage! Welche Eigenschaften haben Sie damals ausgezeichnet? Welche Spiele haben Sie gespielt und worin waren Sie besonders gut? Nutzen Sie diese Charakterzüge und Fähigkeiten heute zum Lösen aktueller Probleme – Sie werden erstaunt sein, wie einfach manches plötzlich ist, was eben noch kompliziert erschien.

Akela erzählt den jungen Wölfen aus seinem Leben. Wenn die Nacht über den Dschungel hereinbricht, lauschen die jungen Wölfe seinen Geschichten. »Großvater, erzähle uns, gab es auch einen Tiger mit einem lahmen Fuß, als du jung warst? Hat das Rudel ihn getötet?«

Lauschen Sie den Geschichten, die Ihre Eltern und Großeltern (sofern sie noch da sind) Ihnen von Ihrer – und auch von der eigenen – Kindheit erzählen. Wecken Sie Erinnerungen an laue Sommerabende und den Duft warmen Grases, schwingen Sie an der Liane zurück in die Gemütlichkeit dunkler Winterabende. Was gab Ihnen das Gefühl von geborgener Behaglichkeit? Welche Musik haben sie gehört? Welche Bücher gelesen? Genießen Sie eine Reise der Nostalgie. So bringen Sie alte Gemütlichkeit in eine neue Welt.

Der Dschungel lockt mit bunten Farben

Monika ist vielseitig. Sie möchte gerne alles können und alles machen. So besucht Monika viele Kurse an der Volkshochschule und fängt viele verschiedene Dinge an. Nur verliert sie schnell die Lust, wenn sich ein Projekt oder Hobby als schwierig erweist oder etwas Neues sie lockt. Auch im Beruf ist Monika unstet. Schon nach wenigen Monaten findet sie den Arbeitsplatz, von dem sie erst so geschwärmt hat und der nun endlich der richtige sein sollte, wieder öde und langweilig. Dann bekommt sie Magenschmerzen: »Der Job macht mich krank. Ich suche mir etwas anderes.« Gibt es auch in Ihrem Freundeskreis eine Monika wie diese oder neigen Sie selbst zu Sprunghaftigkeit?

Wer sich nicht festlegen mag, immer wieder aufbricht zu noch neueren Ufern, der verliert leicht sein Ziel aus dem Auge. Er verläuft sich im Dschungel. Der Dschungel ist voller interessanter Dinge, die uns locken. Auch Mowgli musste lernen, nicht einfach loszulaufen, sich mal hierhin und mal dorthin zu wenden. Wie leicht hätte er sich verlaufen können. Dann wäre er für Shir Khan eine leichte Beute geworden.

»Aber«, so würde Mowgli Balu fragen, »flattern nicht auch die Schmetterlinge einfach umher? Kaum haben sie sich auf einer Blüte niedergelassen, flattern sie schon zur nächsten. Saßen sie auf einer gelben Blume, so ist es nun eine blaue oder rote. Was ist daran denn anders?«

Der Balu-Tipp Balu würde es ihm so erklären: »Das Flattern von Blüte zu Blüte, das du hier beobachtest, ist nur scheinbar ziellos. Der Schmetterling folgt dem Duft des Nektars, sammelt nach einem geheimen Plan seine Nahrung und folgt damit einem Ziel. Wenn du jedoch planlos durch den Dschungel läufst, alles dem Zufall überlässt und nicht auf deinen Weg achtest, dann wirst du verhungern oder selbst zur Beute werden. Wer im Dschungel plan- und ziellos handelt, der findet ein böses Ende.«

Wir müssen also planen und Entscheidungen treffen, um uns im Dschungel zurechtzufinden.

Test: *Können Sie Entscheidungen treffen?*

1. Der Tag beginnt.

  ❏ Ich weiß immer sofort, was ich anziehen will. *3 Punkte*
  ❏ Ich muss erst ein Outfit überlegen. Das dauert
    aber nicht lange. *2 Punkte*
  ❏ Ich ziehe mich mehrmals um und bin dann
    immer noch nicht zufrieden. *1 Punkt*

2. Ihre Freundin will am Samstag mit Ihnen
   ins Kino.

  ❏ Ich sage ihr zu und dabei bleibt es. *3 Punkte*
  ❏ Ich weiß nicht recht. Könnte ja sein, es
    kommt eine Einladung von meinem Freund. *2 Punkte*
  ❏ Ich sage erst zu, dann aber wieder ab. *1 Punkt*

3. Sie planen eine Feier.

  ❏ Ich beginne ein paar Wochen vorher mit
    den Vorbereitungen, damit es für alle ein
    unvergesslicher Tag wird. *3 Punkte*
  ❏ Ich verteile an alle Gäste etwas, das sie zum
    Büffet beisteuern sollen. *2 Punkte*
  ❏ Ich weiß lange nicht, was es zu essen geben
    soll, und gerate total unter Druck. *1 Punkt*

4. Sie wollen Urlaub machen.

  ❏ Ich plane schon lange im Voraus und nutze
    so Frühbucherrabatte. *3 Punkte*
  ❏ Ich kann mich nicht entscheiden, wohin es
    gehen soll, und wähle spontan ein Last-
    Minute-Angebot. *2 Punkte*

❏ Ich mache die Entscheidung von der Planung
meines Partners abhängig. *1 Punkt*

5. Wie läuft es mit Ihrem Haushalt?

❏ Ich habe alles im Griff. Es gibt einen
Wochenplan für alle anfallenden Arbeiten. *3 Punkte*
❏ Ich mache meinen Haushalt locker nebenbei.
Das klappt bestens. *2 Punkte*
❏ Bei mir herrscht das Chaos. Besucht mich
lieber nicht zu Hause. *1 Punkt*

6. Sie haben die Wahl: Sie können einen Job
im Ausland bekommen, der sehr interessant
ist und ihre Karriere fördert, oder im Unternehmen am Heimatort eine leitende Position
einnehmen.

❏ Ich entscheide mich spontan für das Ausland,
auch wenn ich das später bereuen sollte. *3 Punkte*
❏ Ich wäge genau alle Vor- und Nachteile ab. *2 Punkte*
❏ Ich habe keine Ahnung. *1 Punkt*

7. Sekt oder Selters: Die Speisekarte im Restaurant
ist lang. Wie entscheiden Sie sich?

❏ Ich wähle, worauf ich gerade Appetit habe. *3 Punkte*
❏ Ich esse immer das Gleiche, daher brauche
ich nicht zu überlegen. *2 Punkte*
❏ Ich weiß immer noch nicht, was ich essen
will, wenn der Kellner kommt. Ich nehme
dann die Empfehlung des Hauses. *1 Punkt*

8. Wie steht es um Ihre Hobbys?

❑ Ich habe seit Langem dasselbe Hobby,
da es mich entspannt und glücklich macht. *3 Punkte*
❑ Ich wechsle meine Hobbys oft, da mich
immer Neues interessiert. *2 Punkte*
❑ Ich habe gar keins, da ich zu viel arbeite. *1 Punkt*

9. Sie müssen schnell eine Entscheidung treffen.

❑ Ich denke nicht lange nach und entscheide
aus dem Bauch heraus. *3 Punkte*
❑ Ich nehme mir dennoch Zeit, um mich nicht
später über meine Entscheidung zu ärgern. *2 Punkte*
❑ Ich bin wie gelähmt. So etwas liegt mir nicht. *1 Punkt*

10. Andere treffen Entscheidungen, die Sie betreffen.

❑ Ich führe Gespräche mit den Verantwortlichen,
damit meine Meinung eine Rolle spielt und
ich die Entscheidungen akzeptieren kann. *3 Punkte*
❑ Ich hasse das. Niemand darf Entscheidungen
treffen, ohne das mit mir zu klären. Ich
boykottiere diese sonst. *2 Punkte*
❑ Das ist gut so, dann muss ich nicht darüber
nachdenken. *1 Punkt*

Auswertung

25 bis 30 Punkte

Für Sie sind Entscheidungen ein Kinderspiel. Sie können abwägen, aber auch ganz spontan zu einem Entschluss kommen. Das hängt von der Reichweite der Entscheidung ab. Sie haben die Dinge gern im Griff und entscheiden daher lieber selber, als dies anderen zu überlassen. Sie stehen dabei zu den guten wie auch zu den weniger guten Entscheidungen.

Balu rät: Achten Sie darauf, nicht immer alles kontrollieren zu wollen. Manchmal ist es besser, locker zu bleiben und anderen das Feld zu überlassen. Im Dschungel haben Sie Rudelführer-Qualitäten.

15 bis 24 Punkte

Sie sind der Typ, der gerne gründlich nachdenkt, bevor er zu einer Entscheidung kommt. Sie brauchen das sichere Gefühl, alle Möglichkeiten abgewogen zu haben. Dabei geht Ihnen leider die Spontaneität verloren, die Ihre Freunde sich manchmal von Ihnen wünschen. Auf jeden Fall sind Sie so auf der sicheren Seite und brauchen sich später keine Vorwürfe zu machen.

Balu rät: Ab und zu mal den Kopf abschalten und den Bauch entscheiden lassen. So wird das Leben lebendiger und Sie werden mehr Spaß haben – ohne gleich vom Tiger gefressen zu werden.

Bis 14 Punkte

Sie gehen Entscheidungen aus dem Weg und überlassen lieber anderen das Feld. Sie hoffen immer, die Dinge erledigen sich von allein. Leider klappt das nicht immer. Dann versinken Sie in Chaos und Stress.

Balu rät: Denken Sie darüber nach, warum Sie vor Entscheidungen Angst haben. Ist es so schlimm, zu einem Entschluss zu stehen, auch wenn er sich als unglücklich erweist? Sich von anderen lenken und manipulieren zu lassen ist nicht besser und wird Sie auf Dauer nicht zufrieden machen. Also: tief durchatmen und selbst entscheiden. Je öfter Sie das üben, desto leichter wird es.

Zeit für Entscheidungen

Mowgli lebt natürlich lieber in den Tag hinein. Sein Rhythmus wird von seinen Grundbedürfnissen bestimmt: dem Essen und dem Schlafen. Zu diesem Zeitpunkt kennt er nur das Leben mit den Wölfen. Menschen sind ihm fremd. Balu lässt ihn gewähren. Doch weist er ihn darauf hin, dass das nicht immer so bleiben kann, das Leben wird schon dafür sorgen.

Viele Jahre geht im Dschungel alles seinen gewohnten Gang. Doch dann bleibt der Regen aus und die Gräser vertrocknen. Das Vieh, das die Wölfe jagen, sucht sich andere Weidegründe. Eine Hungersnot bricht über Mowgli und seine Freunde herein. Wer nur in den Tag hineinlebt, der verhungert. Spätestens jetzt ist es notwendig, nach vorn zu sehen. In dieser Notsituation lernt Mowgli den Sinn von planvollem und vorausschauendem Handeln. Er lernt, nachzudenken und zu entscheiden.

Unser Alltagsdschungel unterscheidet sich ein wenig von dem des Jungen. Und doch gibt es Gemeinsamkeiten: Auch wir können nicht in den Tag hineinleben, ziellos hin und her flattern; wir würden dann in unserem Dschungel zugrunde gehen. Wer in den eigentlich wohlhabenden Industrieländern Hunger leidet, in Regen und Kälte auf der Straße lebt, ist genauso ein Opfer des Dschungels geworden wie ein Wolf, der seine Jagdgründe nicht wechseln wollte, weil er lieber an Althergebrachtem festhielt. Das Gleiche gilt für Wirtschaftsunternehmen, die nicht flexibel genug sind, sich den Veränderungen am Markt anzupassen. Wer dort eine Dürre nicht rechtzeitig erkennt und keine neuen Jagdreviere (= Absatzmärkte) erschließt, der ist bald pleite.

Wir müssen frühzeitig lernen, Entscheidungen zu treffen, Entschlüsse zu fassen. Das kann ganz schön schwer sein. Bonbons oder Eiscreme, Hose oder Kleid, die blauen oder die grünen Schuhe – nicht immer können wir alles haben. Auch in Bezug auf unsere Lebensplanung sind Entscheidungen nötig. Während das Wolfsrudel verschiedene Jagdstrategien abwägt, die über »satt« oder »hungrig« entscheiden, müssen besonders Frauen oft den Entscheidungsspagat zwischen Familie und Beruf üben. Es gibt Firmen, die junge

Frauen nicht fördern, sollten diese einen Kinderwunsch geäußert haben. Frauen, die schon Familie haben, wird das Erklimmen der Karriereleiter oft erschwert, da sie – z. B. wenn ihre Kinder krank sind – höhere Ausfallzeiten haben als kinderlose Frauen. Gleichzeitig wird von den Frauen aber verlangt, Kinder und damit zukünftige Rentenverdiener in die Welt zu setzen. Da kann einem wirklich wirr im Kopf werden. Wie man sich auch entscheidet, es scheint immer falsch zu sein. Kein Wunder, dass gerade junge Frauen kurz vor dem Schulabschluss unentschlossen sind, welche Richtung sie einschlagen sollten. Wer mal ein bisschen zu studieren beginnt, dann ein bisschen Berufsausbildung einschiebt, um sich vielleicht doch für eine baldige Familiengründung zu entscheiden, der hat sich schnell verlaufen. Ehe er es merkt, ist eine ganz persönliche Dürre über seinen Dschungel hereingebrochen. Nur wer dann flexibel ist und den Mut hat, einen neuen Weg einzuschlagen, findet zurück in fruchtbare Gegenden.

Balu führt Sie sicher durch den Dschungel

Sich im Dschungel zurechtzufinden, ist nicht immer einfach. Balu lehrt seine Schüler daher schon früh, sich zu orientieren. Landmarken sind der Geheimtipp für den, der am Tag unterwegs ist. Die Nachtschwärmer lernen Sternbilder und Schattenformen zu nutzen. Und dann ist da noch der Fluss.

»Der Fluss«, so erklärt Balu, »ist die Lebensader des Dschungels. Aus ihm kommen Nahrung und Wasser, er lehrt die Dschungelbewohner die Kunst des Seins.
Das Rauschen des Flusses ist weithin zu hören. Hast du dich verlaufen, gehe in Richtung des Was-

serrauschens. Dann weißt du wieder, wo du bist. Von hier aus kannst du planen, wohin du dich wenden willst.«

Nun, für ein Tier im Dschungel ist die Entscheidung ganz einfach: ist es satt, wird es sich ein gemütliches Plätzchen zum Verdauen suchen oder in seine angestammte Höhle zurückkehren. Für den, der hungrig ist, heißt es: jagen gehen. Es gilt ein Ziel zu erreichen, nämlich satt zu werden. Doch wie halten wir es? Wie entscheiden wir, wohin wir uns wenden? In unserem Dschungelalltag hängt nicht alles von unserem Hungergefühl ab. Wir werden von anderen Dingen motiviert.

»Klar«, sagen Sie jetzt vielleicht. »Ich will hin zu meinem Ziel, dahin, wo es mir besser geht.« Oder ist es eher der Satz: »Natürlich will ich raus aus diesem Stress. Dazu brauche ich kein Ziel. Nur weg hier!« Sie sehen, es gibt zwei unterschiedliche Motivationsrichtungen, die uns antreiben. Die eine ist das »Hin-zu«, die andere das »Weg-von«. Welche von beiden ist der Motor, der Sie antreibt?

Beide Motivationsrichtungen haben eines gemeinsam: Sie bringen uns in Bewegung. Doch wer sich »weg-von« orientiert, der verläuft sich eventuell nur noch mehr. Er gerät immer tiefer in das Dickicht des Dschungels. Ein Ausweg wird immer schwieriger. Das liegt daran, dass er nicht weiß, wohin er sich wenden soll. Ohne ein Ziel ist er orientierungslos. Er hat nicht einmal einen Fluss, zu dem er sich flüchten kann. Darüber hinaus ist der unbekannte Dschungel auch etwas, das Angst machen kann. Und solange die Angst vor dem Unbekannten größer ist als die Ungemütlichkeit oder das Leid, in dem jemand lebt, solange wird auch ein »Weg-von« nicht genug Schubkraft entwickeln. Der Hunger bleibt.

Wer sich »hin-zu« orientiert, der erreicht viel einfacher eine Veränderung seiner Lebensumstände. Er hat ein Ziel. Er weiß, wo sich der Fluss befindet, er braucht sich nur noch in die richtige Richtung zu bewegen. Ein Ziel ist etwas nicht völlig Unbekanntes. Von einem Ziel können Sie sich konkrete Vorstellungen machen. Damit wird es zu etwas Bekanntem. Die Vorfreude auf das Ziel ist das Benzin, das den »Hin-zu-Motor« schnurren lässt.

Balu weiß, dass Hunger lästig ist. Sein Ziel ist der aromatische Honig der Waldbienen. Er leckt sich schon jetzt aus Vorfreude auf den verführerischen Geschmack sein Maul. Allein die Vorstellung, die köstliche Süße von den Pfoten naschen zu können, lässt ihn durch den Dschungel traben, hin zu den Bäumen, in denen die Waldbienen ihre Nester gebaut haben. Es gilt also, ein Ziel festzulegen und einen Plan aufzustellen, wie es zu erreichen ist.

Der Balu-Tipp Das Erste, was Balu Ihnen dazu raten würde, ist: »Bleib gelassen!« Wer in zwanghafte Planung verfällt, der setzt sich selber Scheuklappen auf. Er sieht geradeaus, blickt direkt auf das Ziel. Die Unterstützer am Wegesrand, die Erfrischungen reichen, damit der Weg einfacher wird, die sieht er nicht.

Also folgen Sie Balu hinunter zum Fluss. Lassen Sie sich einladen zur »Flussmeditation«. Aber Achtung: Sie könnten etwas nass werden.

Übung: *Die Flussmeditation*

Nehmen Sie eine bequeme Haltung ein und schließen Sie die Augen. Lassen Sie vor Ihrem inneren Auge Balu den Bären entstehen. Er führt Sie hinunter an den Fluss. Nehmen Sie sich Zeit, das Fließen des Wassers zu betrachten, den unterschiedlichen Geräuschen zu lauschen und den Duft der feuchten Erde und der Pflanzen am Ufer zu riechen.

Balu zeigt Ihnen, wie Sie sich so auf das Wasser legen, dass Sie ganz bequem und sicher getragen werden. Wenn Sie sich zu Beginn noch etwas ängstlich fühlen, nimmt er Ihre Hand in seine große Tatze und hält sie ganz fest.

Lassen Sie sich vom Wasser tragen. Der Fluss ist das Leben. Balu zeigt Ihnen, wie es ist, gelassen zu bleiben, sich dem Fließen anzuvertrauen und dabei ganz sanft mit den Händen die Richtung zu korrigieren.

Betrachten Sie das Ufer. Dort gibt es viele Menschen, die Hemmungen haben, sich dem Fluss hinzugeben. Obwohl der Tiger hinter ihnen schon im Dickicht lauert, wagen sie es nicht, sich aus der misslichen Situation zu befreien. Sie sehen angstvoll in den Dschungel, doch nicht zum Fluss.

Andere winken Ihnen zu. Sie weisen auf Stromschnellen hin, um die Sie herumsteuern müssen. Sie reichen Ihnen Früchte und unterstützen Sie auf Ihrem Weg. Diese Menschen lassen sich auch eine Weile neben Ihnen treiben und begleiten Sie auf Ihrem Weg.

Balu weist nach vorn. Dort, in einiger Entfernung, aber doch bald in erreichbarer Nähe, liegt Ihr Ziel. Wenn Sie möchten, stellen Sie es sich als einen Tempel vor oder als ein wunderschönes Haus, in dem zu wohnen Freude macht. Vielleicht haben Sie auch schon ganz konkrete Vorstellungen von Ihrem Ziel, z. B. ein Zertifikat, das Sie überreicht bekommen, oder ein eigenes, gut florierendes Unternehmen. Nutzen Sie Ihre Vorstellungskraft, geben Sie diesem Ziel ein Bild. Ergänzen Sie es durch Wahrnehmungen wie ein Gefühl von Glück und Stolz, von innerer Sicherheit und einem guten Selbstwert. Fügen Sie etwas Geruch und Geschmack und die richtigen Töne, wie z. B. Jubelrufe, hinzu. Nutzen Sie all Ihre Sinne, um das Bild auszuschmücken; so wird Ihr Bauch letztendlich signalisieren: »Ich bin satt.«

Während der ganzen Reise auf dem Fluss bleiben Sie ruhig und gelassen. Selbst wenn es einen Felsen zu umrunden oder eine Stromschnelle zu überwinden gibt. Wenn Sie bei Schwierigkeiten in Hektik verfallen, werden Sie zum Spielball der Strömungen.

Behalten Sie die Ruhe und die Kontrolle über Ihren Weg. Sie wissen, dass Sie Unterstützung von anderen Menschen im Fluss bekommen. Alles wird dann für Sie da sein, wenn Sie es brauchen.

Balu ist bei Ihnen. Er führt Sie gelassen zur Gemütlichkeit. Wenn Sie Ihre Augen wieder öffnen, werden Sie erstaunt sein, welche Kraft und Motivation diese Flussreise in Ihnen weckt. Doch was tun, wenn Sie noch gar kein wirkliches Ziel vor Augen haben? Dann heißt es wieder: finden gehen!

Das eigene Ziel finden

Ein Ziel zu haben, das ist wie ein Seil, an dem wir aus dem Verlies herausklettern können. Mowgli würde sich über so ein Seil freuen, als er von den Affen in der alten Stadt gefangen gehalten wird. Ihn rettet seine Fähigkeit, mit den giftigen Vipern sprechen zu können und sie so hinzuhalten, bis Baghira, Balu und Kaa ihn befreien. Mowgli nutzt in höchster Not, was Balu, sein Lehrer, ihm beigebracht hat.

Auch Sie verfügen über viele verschiedene Fähigkeiten und Kenntnisse, die Sie oft unbewusst einsetzten. Sie haben viel gelernt in Ihrem Leben, denn das Gehirn des Menschen ist so konzipiert, dass es nicht »nicht lernen« kann. Nun ist es Zeit, das Gelernte bewusst zu nutzen, und Ihr ganz persönliches Ziel zu finden.

»Aber ich habe doch ein Ziel«, erklären Sie vielleicht. »Meine Eltern haben mir erklärt, das höchste Ziel sei ein guter Job in einer Bank oder Versicherung.« Solches und Ähnliches spukt in verschiedener Gestalt durch unsere Köpfe. Wir haben von unseren Eltern etwas über deren Ziele erfahren. Wie Eltern nun mal sind, wollen sie das Beste für ihre

Kinder und glauben, ihre eigenen Ziele seien auch für die Kinder erstrebenswert.

Balu sieht das anders. Wenn sein Ziel ein Honigtopf ist, müssen die Wolfskinder dies noch lange nicht nachmachen. Für einen Wolf ist Honig nicht so wichtig. Genauso wenig müssen die Ziele Ihrer Eltern die Ihren sein. Wenn Sie beginnen, sich neue Ziele zu setzen, dann machen Sie es sich erst einmal gemütlich. Kreativität ist eine Pflanze, die am besten in einer entspannten Atmosphäre wächst. Denken Sie bei einem Tee oder Kaffee an Ihrem Lieblingsplatz ganz gelöst über Ihr Leben nach. Machen Sie sich bewusst, dass Sie schon weit gekommen sind auf Ihrem Weg und dass es nun vielleicht an der Zeit ist, die Richtung etwas zu korrigieren. Bisher führte ihr Weg mehr oder weniger geradeaus, dahin, wo Sie sich nun befinden. Drehen Sie sich um! Sehen Sie rückwärts:

- Welche Ziele hatten Sie als junger Mensch? Welche haben Sie erreicht und welche nicht?
  Notieren Sie sich, was Sie daran gehindert hat, die alten Ziele zu erreichen. Das sind Steine, die aus dem Weg zu räumen sind.
- Welche Ziele haben Sie erreicht?
  Notieren Sie, welche Ihrer Charakterzüge und Kenntnisse dabei unterstützend wirkten.
- Welche Soft Skills, über die andere Menschen verfügen, hätten es Ihnen noch leichter gemacht?
  Notieren Sie auch diese. So werden Sie motiviert, Ihre Fähigkeiten zu erweitern. Auf Ihrem Zettel steht zum Beispiel: Konsequenz, Flexibilität, Wissensdurst, große Aufnahmefähigkeit, Charme, Gut-zuhören-Können, etc.

Stellen Sie fest, welche Ziele sich als unsinnig, als völlig realitätsfremd erwiesen haben. Daraus lernen Sie, dass Ziele nur verwirklicht werden können, wenn sie auch in Ihr Lebensumfeld passen. Sie können nicht die Managerin eines großen Unternehmens werden wollen, die viele Reisen ins Ausland unternimmt, und gleichzeitig Mutter von vier Kindern sein, die den Anspruch an sich hat, möglichst viel Zeit mit ihrem Nachwuchs zu verbringen.

 Balu würde sagen: »Als Wolf sollte dein Ziel ein saftiger Braten sein, nicht aber, wie der Milan am Himmel zu schweben.«

Doch wie finden Sie das richtige Ziel für sich?

Nun, ein Ziel sollte etwas sein, das ein Gefühl der Freude auslöst, wenn Sie sich vorstellen, es erreicht zu haben. Denken Sie an sie Flussmeditation. Dann wissen Sie, was Sie bei Ihrem Zieleinlauf empfinden wollen. Das ist ein guter Ausgangspunkt, um die »Dschungelolympiade der Ziele« durchzuführen. Diese Übung lässt alle Disziplinen zu, die das Erreichen der Ziele ermöglichen.

Übung: *Die Dschungelolympiade der Ziele*

Der erste Teil ist die Qualifikationsrunde. Notieren Sie auf einem Zettel alle Ideen, die Ihnen zum Thema »Mein Ziel« einfallen. Nehmen Sie dann den Zettel mit Ihren Fähigkeiten und Kenntnissen dazu und prüfen Sie anhand Ihrer Notizen, für welche Ziele diese einsetzbar sind. Streichen Sie Ziele, die unerreichbar erscheinen.

In der zweiten Runde treten die Ziele gegen die Realisierungsmöglichkeiten an. Prüfen Sie nun, welche der aus der ersten Runde übrig gebliebenen Ziele mit Ihrem Lebensumfeld in Einklang sind. Alle anderen scheiden aus.

In der dritten Runde geht es um die schnelle Erreichbarkeit, also den Kurzstreckenlauf. Listen Sie auf, in welcher

Reihenfolge Ihre Ziele erreichbar sind. Treffen Sie dabei auch die Entscheidung, in welche Richtung Sie laufen werden. Wollen Sie z. B. Karriere im Beruf machen, den Spagat zwischen Beruf und Familie wagen oder für eine Zeit ganz auf einen Beruf verzichten und sich auf die Familie konzentrieren? Von dieser Entscheidung hängt ab, welchem Ziel nun Ihre Aufmerksamkeit gelten soll.

Das erste Ziel, auf das Sie hinarbeiten, muss nicht das Endziel sein. Es ist viel einfacher, sich auf kleine Zwischenziele zu konzentrieren, als ständig das schwer zu erreichende Endziel mahnend vor Augen zu haben. Außerdem besteht immer die Möglichkeit, die Richtung wieder zu ändern, wenn etwas im Leben anders verläuft als erwartet. Dann wäre das alte Endziel plötzlich passé. Ohne kleinere Ziele würden Sie sich orientierungslos auf einer Marathonstrecke wiederfinden. Sie haben nun, gemütlich an ihrem Lieblingsplatz sitzend, die Dschungelolympiade der Zielfindung gewonnen! Jetzt heißt es, sich auf den Weg zu machen.

 Balu legt Ihnen seine Tatze auf die Schulter. Er schmunzelt und fragt: »Woher weißt du, wann du dein Ziel erreicht hast?«

Stimmt, das ist eine wichtige Frage. Mancher ist längst da, wo er hin wollte, hat es aber noch gar nicht gemerkt. Notieren Sie sich also, woran Sie erkennen können, dass Sie angekommen sind; denn hier beginnt die nächste Etappe, der Weg zum nächsten Ziel. Achten Sie auf die kleinsten Hinweise. Fühlen Sie sich anders? Ändern sich Ihre Lebensumstände? Reagieren Ihre Mitmenschen auf neue Art und Weise auf Sie? Diese Anhaltspunkte helfen Ihnen, das Erreichen eines Ziels zu erkennen.

Wer einen Hang zum Perfektionismus hat, dem fällt es manchmal schwer, einen Gang herunterzuschalten. Er will den großen Erfolg, die Aufgabe soll 120-prozentig erledigt sein. Doch dieses Verhalten kann ungemein anstrengend sein. Haben Sie diese Struktur in sich selbst erkannt, sind Sie auf dem besten Weg, etwas daran ändern zu können. Sich von großen Zielen zu lösen und Zwischenziele zu formulieren, ist ein guter Schritt in die richtige Richtung. Auf diese Weise erkennen Sie Ihre Erfolge, geben sich selbst ein positives Feedback. Langsam können Sie Ihr Denken und Handeln in entspanntere Bahnen lenken. Sie werden feststellen, dass Ihre Mitmenschen darauf sehr positiv reagieren. Perfektionisten üben Druck aus, zum einen auf sich selbst, zum anderen auf all jene, die versuchen, diese Ansprüche zu erfüllen.

Versuchen Sie es mit mehr Gemütlichkeit! Stellen Sie sich einen Plan auf, der Sie zu Ihrem Ziel und zu größerer Gelassenheit führt. Das könnte so aussehen:

Zwischenziele definieren

Mein Ziel: »Ich möchte mehr Zeit haben, um Sport zu treiben.«

1. Schritt: Ab sofort gibt es dienstags und donnerstags keine freiwilligen Überstunden. Ich mache zeitig Schluss.

2. Schritt: Ich trete in eine Sportgemeinschaft ein und gehe einmal in der Woche dorthin. Der andere freie Abend ist mein »Balu-Abend«.

3. Schritt: Ich achte darauf, meinen Balu-Abend gemütlich zu verbringen und mich zu verwöhnen. Er steht fest in meinem Kalender.

Nun, das war doch einfach, oder? Nehmen wir aber noch ein anderes Beispiel. Ich habe Balu von Erika erzählt. Erika

arbeitet in einer Apotheke und möchte gerne Tierheilprakti-
kerin werden. Das ist ihr großes Ziel. Leider fehlt ihr das
Geld für die Ausbildung und die Zeit ist auch knapp. Sie
macht oft Extrastunden, um sich die Ausbildung finanzieren
zu können. Trotz allem hat Erika das Gefühl, sich immer weiter von ihrem Ziel zu entfernen.

 Balu kennt das. Er zeigt mir den Bären-
tanz. »Dieser Tanz«, so erklärt er, »führt
dich sicher über alle Steine auf deinem
Weg.«

Ich habe ihn Erika gezeigt. In einem halben Jahr wird ihre
Prüfung sein. Dann hat sie ihr Ziel endlich erreicht. Sie wollen den Tanz auch lernen und sein Geheimnis erfahren? Er ist
ganz leicht zu lernen.

Übung: *Balus Bärentanz*

Die Schritte des Bärentanzes sind klein, schwungvoll und
rhythmisch, dann wieder langsam und bewusst, immer im
Wechsel: so wie das Leben, das auch mal flott und mal ruhig
verläuft.

Machen Sie zwei nicht zu große Schritte vorwärts. Nun
einen Schritt zurück, dabei stellen Sie beide Füße wieder
nebeneinander. Dann machen Sie wieder zwei Schritte vorwärts und jetzt einen nach rechts. Diese ersten Schritte sind
ganz langsam und bedächtig. Hören Sie Ihre innere Melodie,
fühlen Sie sich in den Schritt hinein. Machen Sie sich einfach
mit dem Rhythmus in Ihrem Herzen vertraut.

Nun folgen schnelle Schritte: zwei vor, einer zurück, zwei
vor und einer nach links. Bei den Seitwärtsschritten wird
immer das zweite Bein mit herangeführt, sodass die Füße

nebeneinander zum Stehen kommen. Sie können sich das Lernen erleichtern, indem Sie die Schritte abzählen: »Eins, zwei, rück-, -wärts; eins, zwei, seit-, -wärts.«

Wann immer Sie Lust haben, bauen Sie eine schwungvolle Pirouette ein.

Erika hat die Schrittfolge schnell gelernt und in ihrem Leben umgesetzt. Sie nutzt die Möglichkeit, wie beim Bärentanz auch, mal zurück oder zur Seite zu tanzen. So hat sie einen Schritt zurück – weg vom fernen Ziel der Tierheilpraktikerprüfung – gemacht und sich auf ihre derzeitigen Kenntnisse und Möglichkeiten besonnen. Sie macht sich bewusst, dass das große Ziel noch etwas Zeit hat und sie den Weg dahin in bäriger Gemütlichkeit zurücklegen will. Damit wächst die Freude am Leben wieder und sie erweitert ihre Fähigkeiten. Als Erstes spricht Erika mit ihrem Chef über ihre Pläne. Sie streicht alle freiwilligen Überstunden in der Apotheke und sucht sich einen Nebenjob bei einem Tierarzt. Dafür bekommt sie sogar etwas Geld, das sie zurücklegt. Das ist ihr Schritt zur Seite. Eine Steuerrückvergütung ermöglicht ihr den Einstieg in die Ausbildung, durch die Arbeit beim Tierarzt erweitert sie ihr Wissen: In der Apotheke ist sie bald die Expertin in Fragen der Tiermedizin und ihr Chef freut sich über ihr Engagement. Erika tanzt den Bärentanz. Sie wird ihr Ziel erreichen, das schien vor einiger Zeit noch ein Ding der Unmöglichkeit zu sein.

Strikt nach Landkarte wandern oder locker spazieren gehen?

Wer ein neues Ziel anstrebt, hat verschiedene Möglichkeiten, seinen Weg zu finden. Er kann sich einen Plan machen und schnurgerade auf sein Ziel losgehen. Manche Menschen tun das, Bären jedoch nie. Menschen, die immer geradlinig auf ihr Ziel zusteuern, kommen öfter in Situationen, in denen der Weg schwierig wird oder größere Hindernisse zu überwinden sind. Wer zu sehr an einem Plan festhält, wird leichter scheitern als jemand, der sich andere Auswege offenhält; denn dieser kann neue Möglichkeiten, die sich plötzlich am Wegrand anbieten, nutzen.

Wenn sein Plan lautet »Ich wandere nach Z«, wird ein Mensch, dem unterwegs die Füße wehtun, auf der Strecke bleiben, wenn er auf seinem Fußmarsch beharrt. Jemand, der sich andere Möglichkeiten der Fortbewegung offenlässt, nimmt den Bus oder das Fahrrad. Er muss vielleicht einen Umweg in Kauf nehmen, aber er kommt irgendwann an. Eventuell hat gerade der Umweg ihm ganz neue, wertvolle Erfahrungen ermöglicht.

Wenn Sie mit einem Lineal eine gerade Linie zwischen zwei Punkten auf einer Landkarte ziehen, werden Sie schnell erkennen, dass Sie diesen Weg nicht tatsächlich gehen können. Berge, Flüsse und andere Hindernisse erschweren Ihr Fortkommen. Ihr tatsächlicher Weg wird also in Bögen und Schleifen um all diese Hindernisse herumführen. Manchmal sind Brücken zu benutzen, oder der Weg führt erst wieder ein Stück in eine andere Richtung, bevor er erneut auf das Ziel zustrebt. So ist es mit allen Zielen im Leben. Kein Weg führt wirklich immer nur geradeaus. Da Bären dies wissen, wandern sie scheinbar ziellos durch die Landschaft. Sie entdecken dabei neue Schätze wie z. B. Bienennester mit Honig oder schmackhafte Ameisen und Käfer. Auch Sie können sich das Schlendern zum Ziel hin zur Angewohnheit machen. Schlendern ist viel gemütlicher als schnelles Gehen. Sie haben Zeit, das Leben intensiver zu erleben, viel Neues zu entdecken und unterwegs Ihre Kenntnisse und Fähigkeiten zu erweitern. Dadurch wird es oft einfacher, das gewünschte Ziel zu erreichen.

Wer sich gerne an einer Landkarte orientiert, weil ihm das lockere Schlendern doch noch zu unspezifisch erscheint, der bastelt sich eine Schlender-Landkarte. Doch auch diejenigen, die den Bärentanz schon gut beherrschen und das Schlendern für sich entdeckt haben, werden feststellen, wie wundervoll diese Karte die Motivation fördert.

✂ Die Schlender-Landkarte

Die Schlender-Landkarte ist bunt wie ein Urlaubskatalog. Wenn Sie darin ein schönes Foto entdecken, wollen Sie am liebsten gleich dorthin. So motiviert auch diese Landkarte »hin-zu«. Sie gelangen nämlich ganz kreativ hin zu Ihrem Ziel und lauter netten Dingen nebenbei, die – oh Wunder – Zwischenziele in andern Lebensbereichen sind.

Unser Leben besteht ja nicht nur aus dem einen Aspekt, dem unser Ziel angehört, z. B. dem Beruf. Darum befasst sich die Schlender-Landkarte mit einer gemütlichen Schlenderei durch die Fülle unseres Lebens.

Und so geht es. Nehmen Sie einen großen Bogen Pappe mit den Maßen 40 cm x 50 cm, gerne auch größer. Malen Sie mit einem dicken Filzstift einen Weg darauf. Fangen Sie unten an der Seite an, z. B. links unten. Lassen Sie den Weg in Windungen über die Pappe nach oben laufen, z. B. in die obere rechte Ecke. Unten Schreiben Sie »Start«, oben »Ziel« hin.

Suchen Sie sich in Zeitschriften oder einem Fotoalbum (ggf. auch aus dem Internet) ein Foto aus, das Ihr Ziel repräsentiert. Es sollte motivierend auf Sie wirken. Schön ist auch eine Fotomontage/-collage mit Ihrem eigenen Gesicht. Benennen Sie dieses Ziel mit einem Stichwort oder kurzen Satz wie »Erfolg«, »Liebevolle Partnerschaft« etc.

Überlegen Sie sich nun ein Bild für den Start, z. B. ein Bild von einem Läufer am Startblock, neben dem Balu der Bär steht und lacht.

Finden Sie Bilder, die zeigen, wie sich Ihr Leben beim Gehen des Wegs in vielen Bereichen positiv verändert. Sie erreichen z. B. ein Zwischenziel im Bereich »Hobby« und setzen dort ein Bild ein, das Sie bei ihrem liebsten Hobby zeigt, das bisher kaum Platz in Ihrem Leben gefunden hatte. Das Gleiche tun Sie für die Bereiche »Gesundheit«, »Bildung«, »Wohnung«, »Freunde«, »Beruf« und »Partnerschaft«. Wählen Sie Bilder, die Ihnen vermitteln: »Ich bin gesund, ich habe tolle Freunde, ich lebe eine wundervolle Partnerschaft« etc. Ergänzen Sie jedes Bild durch ein geeignetes Stichwort, das die Aussage sozusagen auf den Punkt bringt. Bis zu drei dieser Stichworte pro Bild sind in Ordnung, mehr werden vom Unterbewusstsein langsamer verinnerlicht und schmälern den Erfolg.

Hängen Sie die Landkarte dort auf, wo Sie sie im Laufe des Tages öfter sehen können. Machen Sie ein Foto davon, das Sie sich am Arbeitsplatz hinstellen können. Selbst wenn Sie die Einzelheiten der Karte dann nicht deutlich erkennen, wirkt jeder Blick, weil er das Originalbild im Unterbewusstsein aktiviert. So motivieren Sie sich, mit Freude zum Ziel zu schlendern und dabei neue, oft positive Erfahrungen zu sammeln. Und Balu? Der tanzt und schlendert für sein Leben gerne:

Der Balu-Tipp »Bist du schon einmal in einem Wald gewesen? Ich meine keinen aufgeräumten Menschenwald mit festgestampften Wegen, die auf Wanderkarten verzeichnet sind. Ich meine einen Wald, in dem die Bäume nach ihren eigenen Gesetzen wachsen dürfen. Ein Wald mit Unterholz, mit umgestürzten Bäumen, Dickicht, Felsen, Abhängen, Schluchten, sumpfigem Boden und reißenden Bächen. Solch ein Wald ist wie das Leben. Wir Bären sind groß und stark. Wir können auch mal durch ein Dickicht brechen. Aber warum sollten wir das? Warum den Pelz mit

Kletten verkleben und die Pfoten voller Stacheln haben? Das macht nur Mühe und Schmerzen. Ich wähle daher den Schlenderweg. Ich gehe auch mal ein Stück zurück, wenn mir das Hindernis zu groß ist, oder wähle einen kleinen Umweg. Wer weiß, mancher dieser Wege hat mich schon zu Lichtungen geführt, die wunderschön waren und die ich sonst nie entdeckt hätte. Tanzen und Schlendern ergänzen sich. Der Bärentanz weckt Lebensfreude in dir. Er lehrt dich, dein Selbst zu spüren und macht dir bewusst, wie du dich in deinem Leben bewegst. Das Schlendern ermöglicht dir, den Wald zu erkennen und sich an seiner Schönheit zu erfreuen. Du wirst erstaunt sein, wie reich dein Leben dabei wird.«

Genießen erlaubt!
Die süßen Früchte sind nicht nur
für große Tiere

Wenn die Affenbande durch den Dschungel tobt, nimmt sie sich alles, was sie haben will. Rücksicht ist ein Fremdwort. Die Affen pflücken alle Beeren von den Büschen, reißen die jungen Zweige von den Bäumen, rauben und klauben zusammen, was sie in ihre langen Finger bekommen. Balu schüttelt seinen dicken Kopf, die Wölfe knurren und heulen ob dieser egoistischen Verhaltensweisen und schwächere Tiere sehen zu, dass sie den Affen nicht in die Quere kommen.

Auch in unserem Alltagsdschungel gibt es Menschen, die sich so verhalten wie diese Affenbande. Sie nehmen sich, was sie haben wollen, ohne zu fragen. Sie überlegen nicht, ob jemand anderes auch etwas davon möchte. Sie stehen immer an erster Stelle. Rücksichtsloses Verhalten ist nicht nur eine Frage des Charakters, sondern auch der Erziehung. Wer seinem Kind früh vermittelt, es sei sein natürliches Recht, sich vorzudrängeln, das größte Stück Kuchen zu nehmen und immer als Erster dran zu sein, der wird es bald mit der Affenbande unterwegs wissen.

Mowgli fragt Balu: »Wenn ich nicht zu den Affen zählen will, muss ich dann immer hintanstehen? Muss ich mich so verhalten wie Tabaqui, der Schakal?« Tabaqui frisst, was andere übrig lassen. »Wer bin ich mindere Person, dass ich wählen dürfte?«, fragt er Vater Wolf und bedient sich an den Knochenresten, die in der Wolfshöhle liegen geblieben sind. Der Schakal erniedrigt sich, redet jedem nach dem Mund und versucht, sich gut Freund zu machen, um »abstauben« zu können. Er tut dies nicht, weil er sich minderwertig fühlt. Nein, sein Verhalten ist eine Strategie, die ihm ermöglicht, ohne große Mühe möglichst viel zu bekommen. Dabei hinterlässt er bei denen, die ihm die Reste überlassen, immer ein unangenehmes Gefühl – so, als würden sie ihn an ihrem Reichtum aus niederen Beweggründen nicht teilhaben lassen wollen.

Auch solche Menschen kennen wir in unserem eigenen Dschungel. Sie sind immer auf der Jagd nach Sonderangeboten, nehmen die abgelegten Kleider ihrer Bekannten und sagen ständig: »Bevor du es wegwirfst, gib es lieber mir.« Selten ist hier echte finanzielle Not der Hintergrund des Verhaltens, und diese Menschen hinterlassen bei anderen auch nicht unbedingt das Gefühl, mit dem Weitergeben alter Sachen etwas Gutes getan zu haben. Die Tabaquis dieser Welt können nicht genießen. Sie gönnen sich selbst oft keine echte Freude und mögen es ebenso wenig, wenn andere etwas bekommen oder erreichen und sich daran freuen. Sie sind tief im Inneren missgünstig und geizig. Ihr Denken ist darauf ausgerichtet, in allem einen Mangel zu sehen. Es fehlt ihnen immer etwas. Es gibt immer einen Grund, sie zu bedauern. Nun, wie Tabaqui wollen Sie ganz bestimmt auch nicht sein. Doch wie ist es nun richtig?

Der Balu-Tipp Balu rät seinen jungen Schülern, den Wölfen: »Friss oder verhungere, aber teile etwas von deiner Beute mit deinem Rudel; denn sie sind es, die mit dir jagen und deinen Jagderfolg möglich machen.«

Bei den Wölfen bekommt also der erfolgreiche Jäger zuerst seinen Anteil an der Beute, die anderen erhalten jedoch ebenfalls, was ihnen zusteht. So profitieren alle. Das Rudel bleibt stark und der Zusammenhalt wird gefestigt.

Balu lehrt seine Schüler ein gesundes Miteinander, sodass niemand zu kurz kommt. Die Wölfe holen sich, was sie haben wollen. Sie befriedigen ihre Bedürfnisse, erfüllen sich ihre

Wünsche nach saftigem frischem Fleisch. In guten Zeiten wird ein Fest nach dem anderen gefeiert, in schlechten Zeiten gemeinsam gehungert. Auch Mowgli hat viel von Balu gelernt. Bei einem lehrreichen Streifzug am Fluss zeigt Balu Mowgli leckere Beeren, süße Ameisen und andere feine Dinge.

Der Balu-Tipp »Sei nicht gierig«, erklärt er dem Jungen, »wähle mit Umsicht. Wer gierig ist, der sticht sich an den Dornen des Beerenstrauches, und wer alles auf einmal nimmt, hat nichts für später«.

»Aber darf ich die Beeren denn auch pflücken?«, fragt Mowgli besorgt. Ich will nicht wie die Affen sein und unverschämt zulangen, ich will aber auch nicht ständig besorgt sein, ob die anderen genug für mich übrig lassen. Eine Stimme in meinem Kopf gibt mir ständig Anweisungen, aber sind die richtig? Was steht mir wirklich zu?

Wer kennt ihn nicht, den kleinen Kobold im Kopf, der immer wieder mahnt, fragt, verbieten will; der versucht, uns die schönen Dinge madig zu machen?

Innere Stimmen sorgen für Stress

Während wir im Kapitel *Affentanz im Dschungel* (S. 37 ff.) einem stetigen Druck von außen ausgesetzt sind und versuchen, diesem gerecht zu werden, geht es hier um den Druck in unserem Innern. Stimmen aus unserer Vergangenheit mahnen uns zu ständig neuer Aktion, zu immer neuen und höheren Leistungen. Wer auf diese Stimmen hört, wird vom Stress überrollt. Immer gibt es noch eine Aufgabe zu erledigen, die nicht warten kann, wenn es nach diesem Stimmenkobold geht. Spät abends sind wir dann zu müde und zu erschöpft von all dem Wirbel, um noch wirklich entspannen zu können. Wenn wir andererseits nicht auf diese Stimmen reagieren, bleibt ein schlechtes Gefühl in uns zurück.

Gesa geht es so. Morgens, wenn der Wecker klingelt, würde sie sich gerne noch einmal umdrehen und einfach eine halbe Stunde länger schlafen. Doch da ist eine Stimme in ihrem Kopf, die ihr zuflüstert, dass sie viel zu tun hat und zum Faulenzen keine Zeit bleibt. Erst kommt die Familie. Gesa steht also auf, deckt für Mann und Kinder den Frühstückstisch, streicht die Schulbrote und packt dem Mann einen Snack für die Frühstückspause ein. Nun würde sie gerne in Ruhe ihren Kaffee trinken. Stattdessen flitzt sie mit der Tasse in der Hand in den Keller und füllt die Waschmaschine. Den Kaffee kippt sie auf dem Weg zurück schnell hinunter und beißt kurz von ihrem Brot ab, während sie den Tisch wieder abräumt. Dann schnell ins Bad, waschen und anziehen. Auch das erledigt Gesa in Eile und nicht mit echter Aufmerksamkeit für sich selbst. Staub saugen, einkaufen, Essen kochen, zwischendurch immer wieder einmal Wäsche waschen – Gesa ist den ganzen Tag in Aktion.

Am Nachmittag kommt überraschend ihre Nachbarin zu Besuch. Gesa würde sich gerne mit ihr eine Stunde gemütlich hinsetzen und erzählen. »Sorry, ich habe kaum Zeit«, entschuldigt sie sich. »Der Rasen muss auch noch gemäht werden.« Der hinterhältige Kobold im Ohr lässt Gesa keine Ruhe. Am Abend kommt Gesas Mann nach Hause. Er hatte einen nervenaufreibenden Tag. Er setzt sich und erwartet, dass Gesa ihn nun bedient. Schließlich war er ja draußen im Dschungel, das Familieneinkommen »jagen«. Nachdem sie den Tisch abgeräumt hat, ist Gesa völlig erledigt. Erschöpft schaltet sie den Fernseher ein. Doch anstatt nun einmal alles ruhen zu lassen, erledigt sie schnell noch ein paar Näharbeiten. Eigentlich würde sie ja gerne ein Buch lesen wollen, aber die innere Stimme weist stets auf unerledigte Arbeiten hin. Außerdem: Sie ist doch zu Hause, während ihr Mann zur Arbeit geht. Hat sie sich denn eine Lesepause überhaupt verdient? Selbst das stellt der innere Kobold infrage.

Gesa hat von ihrer Mutter gelernt, dass der Mann der Rudelführer ist. Ihm steht der erste Bissen zu, er darf nach der Arbeit ruhen. Dieses Rollenverhalten ist nicht ganz ausgestorben, auch wenn heute die Frauen neben dem Haushalt noch einem Beruf nachgehen und sich überwiegend allein um die Erziehung der Kinder kümmern. Was beim Mann bewundert wird, gilt bei der Frau als selbstverständlich. Dass Haushalt und Kinder genauso anstrengend und oft ebenso nervenaufreibend sind wie ein Tag im Büro, weiß derjenige anzuerkennen, der diese Erfahrung gemacht hat. Das »bisschen Haushalt« erledigt sich eben auch mithilfe der technischen Geräte nicht von allein. Dennoch fällt es Frauen viel schwerer als Männern, einfach mal alles liegen zu lassen und sich eine Auszeit zu gönnen. Macht die Familie Ferien in einer Ferienwohnung, so ist der Mann tatsächlich einmal raus aus seinem Alltagsjob, hat Abwechslung und kann auf andere Gedanken kommen. Eine Hausfrau jedoch hat die gleiche Arbeit wie zu Hause, nur in einem viel beengteren Rahmen. Frauen müssen häufig erst lernen, »Nein« zu sagen, Arbeiten zu delegieren und sich selbst das zu gönnen, was sie anderen selbstverständlich und von Herzen geben.

• Kann ich mir das leisten?
• Habe ich das auch verdient?
• Ist das nicht eine Nummer zu groß für mich?

Jeder von uns kennt das Phänomen. Wir möchten etwas haben, doch der kleine Kobold im Ohr stellt infrage, ob es uns wirklich zusteht. Manchmal benutzt er die mahnende Stimme der Mutter oder des Vaters, oft auch unsere eigene. Wenn wir es uns einfach mal gut gehen lassen wollen, versucht diese innere Stimme, uns das zu vermiesen. Anstatt wie Balu am Fluss zu sitzen, den Tag zu genießen und uns von der Sonne den Bauch wärmen zu lassen, sagt uns diese Stimme, was wir stattdessen tun sollten, was noch nicht erledigt ist, und lässt uns generell daran zweifeln, ob wir diesen Genuss überhaupt verdient haben.

Des Rätsels Lösung ist unsere Erziehung. Die innere Stimme ist oft ein Geist aus der Vergangenheit, der Regeln und Verhaltensparolen wiederholt, die wir im Elternhaus gelernt haben. Erwartungshaltungen, Anforderungen, alte Überzeugungen und Glaubenssätze versuchen, uns zu lenken – selbst wenn ihre Inhalte nicht mehr förderlich für uns sind. Es ist, als wären wir Marionetten, die an unsichtbaren Fäden tanzen.

 Balu würde sagen: »Stell dir vor, die Schlange Kaa hat dich mit ihrem hypnotischen Gesang gefangen. Nun musst du tun, was Kaa dir einflüstert. Das ist selten gut für dich, aber immer gut für Kaa.«

Wenn wir uns aus dieser Gefangenschaft befreien wollen, ist es zuerst wichtig, dass wir uns dieser Stimmen bewusst werden. Wenn wir die Fäden erkennen, die uns tanzen lassen, haben wir die Möglichkeit, uns eine Schere zu besorgen und sie einfach abzuschneiden.

Übung: *Die magische Schere*

Die Schärfe der magischen Schere hängt von der Schärfe der Fragen ab, mit denen wir der inneren Stimme begegnen. Wenn eine Stimme Ihnen zuflüstert, Sie könnten etwas nicht tun, fragen Sie die Stimme sofort: »Warum nicht?« Machen

Sie sich jeden inneren Kommentar bewusst. Fragen sie sich: »Wer sagt das zu mir?« So finden Sie heraus, welche Einstellung Ihnen anerzogen wurde. Dann können Sie selber entscheiden, ob dieser Punkt in Ihrem Leben noch immer Gültigkeit haben soll.

Auf die Frage des Kobolds: »Was sollen die Nachbarn von dir denken?«, können Sie den Kobold einfach zurückfragen: »Was geht das die Nachbarn an?« Wenn die innere Stimme flüstert: »Lass es lieber gleich, das schaffst du sowieso nicht!«, prüfen Sie einfach, wer da so negativ von Ihnen denkt. Haben die Eltern Ihnen als Kind nichts zugetraut? Oder war es der Lehrer in der Schule? Woher kommt diese Meinung, Sie könnten etwas nicht? Fragen Sie die Stimme: »Wieso sollte ich das nicht können?« Und dann erklären Sie: »Ich kann alles lernen und erreichen, was ich lernen und erreichen will!« Lassen Sie sich nicht von alten Mustern und Glaubenssätzen einschränken.

Je öfter Sie auf diese Weise der inneren Stimme mit einer Gegenfrage auf den Zahn fühlen, ihre Regeln und Weisheiten infrage stellen, desto leiser wird sie – bis die Fäden, an denen Sie tanzen mussten, ganz durchgeschnitten sind.

 Balu lässt sich nichts sagen. Schon gar nicht von geheimnisvollen inneren Stimmen. »Sie sind wie die Affen in den Bäumen«, erklärt er Mowgli. »Wir Dschungel-Leute nehmen keine Notiz von ihnen. Selbst wenn sie Nüsse von den Bäumen auf uns herunterwerfen, beachten wir sie nicht.«

Und auch von Tabaqui lässt Balu sich nicht beeindrucken: »Bescheidenheit ist eine Zier – besser lebt sich ohne ihr«, brummt er.

In der Tat ist es so, dass Mädchen noch immer angehalten werden, »lieb und nett« zu sein. Sie sollen sich im Hintergrund halten, tun, was ihnen gesagt wird und still sein. Wer seine Meinung sagt, seine Stärken zeigt und ganz unbescheiden die angebotenen Beeren auch wirklich pflückt, der gilt als frech und vorlaut. Die meisten Frauen haben ein Problem damit, sich selbst ins rechte Licht zu rücken. Aus einem »Dschungel-Seminar«, das ich durchgeführt habe, stammt folgende Aufgabe:

»Stellen Sie sich vor, Sie sind auf einem Markt. Doch Sie sind nicht der Kunde, der die Ware begutachtet und etwas einkaufen will. Nein, Sie sind die Frucht im Korb. Preisen Sie Ihre Vorzüge an.«

Den Männern fiel diese Aufgabe leichter als den Frauen. Karen, vierundvierzig Jahre alt, gab an: »Ich bin süß und von schön rosiger Farbe. Ich bin allerdings schon etwas älter und habe die eine oder andere Delle.« Klaus dagegen blieb ganz locker: »Ich bin saftig, dunkel und mit fruchtigem Aroma. Ich bin vollreif und daher gerade im besten Zustand.« Auch Klaus war Mitte vierzig, präsentierte sich jedoch ohne negative Einschränkungen.

Ein anderes Beispiel: Ein Mann und eine Frau sitzen vor einem Teller mit zwei Stückchen Kuchen – ein kleines und ein großes. »Nach Ihnen«, sagt der Mann zur Frau und hält ihr den Teller hin. Er will schließlich höflich sein. »Nein danke, nach Ihnen«, antwortet bescheiden die Frau. »Nein, nein, kommt gar nicht in Frage! Nach Ihnen.« Die Frau lehnt wiederum ab, als Erste zu wählen. Schließlich greift der Mann zu – und nimmt sich das größere Stück Kuchen. Die Frau ist empört: »Was? Sie haben sich zuerst bedient und haben das größere Stück genommen!«, sagt sie. »Na und?«, antwortet der Mann. »Wenn Sie zuerst gewählt hätten, welches Stück hätten Sie denn genommen?«

»Keine Frage – das kleinere, natürlich!« – »Na also, was regen Sie sich noch auf? Sie haben das kleinere Stück!«

Wieder ist es die Erziehung, die hier den Unterschied macht. Lassen Sie uns doch mal auf einen hohen Baum steigen und einen weiten Blick über Ihren ganz persönlichen Dschungel werfen. Gibt es in Ihrem Bekanntenkreis »freche Mädchen«? Welche Frau, die Sie kennen, lässt sich nicht in den Schatten stellen? Welche Frau zeigt, was sie kann, ist erfolgreich und geht ihren Weg, ohne Rücksicht auf Stimmen, die flüstern: »Eine Frau kann so etwas nicht«, »Das geht nicht«, »Das darfst du nicht«, »Es wird dich niemand akzeptieren« und Ähnliches. Und wenn Sie in Ihrem Bekanntenkreis niemanden entdecken, dann schauen Sie doch einfach mal etwas weiter hinein in die Welt. Blättern Sie in den bunten Zeitschriften und finden Sie gezielt Nachrichten über erfolgreiche Frauen.

Wer erfolgreich ist und ein selbstbestimmtes Leben lebt, der lässt sich nicht von Kobolden oder Affen beeinflussen und auch Kaa wird ihn nicht einfangen können. Erfolgreiche Frauen hören nur auf jene inneren Stimmen, die sie unterstützen und dem Erfolg den Boden bereiten. »Das geht nicht« gibt es nicht. »Das kannst Du nicht« lassen sie erst gelten, wenn sie es ausprobiert haben. Sie denken nicht in Beschränkungen und Problemen, sie denken in Lösungen. Wenn sie etwas nicht selbst machen können, dann finden sie jemanden, der das Problem für sie löst. Sie pflücken die Beeren auch vom höchsten Baum. Notfalls lassen sie sich die Leiter halten. Das Gleiche gilt auch für erfolgreiche Männer, nur werden diese ja schon von Kind an dazu erzogen, stark zu sein und Erfolg zu haben, den Kampf zu gewinnen – egal, worum es geht.

Doch Achtung: Lassen Sie sich nicht von den übermotivierenden Stimmen in Stress versetzen! Eine Stimme, die sagt: »Du schaffst das auch noch, du hast doch schon so viel geschafft«, wenn Sie einfach keine Kraft mehr haben und dringend eine Pause benötigen, ist ebenso schädlich, wie die generell negativen Stimmen, die jeden Einsatz von vornherein blockieren.

Denken Sie an Balu. Versuchen Sie es wieder mit Gemütlichkeit! Balu lehnt sich mit dem Rücken an einen dicken, großen Baum. »Dieser Baum ist der Lebensbaum«, erklärt er. »Jeder Mensch hat solch einen Baum. Wenn du deinen Lebensbaum aufzeichnest, findest du in ihm Stärke und Halt. Er unterstützt dich in deinen Zielen.«

✎ Lebensbaum

Zeichnen Sie einfach Ihren Lebensbaum. Nehmen Sie dazu ein großes Blatt Papier. Darauf malen Sie die Umrisse eines dicken, hohen Baumes. Unten bei den Wurzeln stehen all die Werte, die Ihnen durch Herkunft und Erziehung vermittelt wurden. Wählen Sie jene aus, zu denen Sie auch heute noch einen Bezug haben. Das können Begriffe wie »Ehrlichkeit«, »Pünktlichkeit«, »Fleiß«, »Achtung vor anderen« etc. sein.

In den dicken Stamm schreiben Sie all Ihre positiven Eigenschaften, z. B.: »Ich bin liebevoll, ich bin geduldig, ich bin konsequent« … Oben in der Krone steht geschrieben, was Sie in Ihrem Leben auf persönlicher Ebene erreichen wollen.

Sie notieren hier nicht, welche materiellen Errungenschaften Sie anstreben, sondern welche Persönlichkeit Sie sein wollen. Das könnte lauten: »Ich bin eine attraktive Frau mit einer liebevollen und selbstsicheren Ausstrahlung. Ich bin erfolgreich in meinen Handlungen und bin mir meines Wertes als Frau bewusst.« Wenn Sie ein ganz bestimmtes Vorbild haben, können Sie dazuschreiben: »Ich bin wie …«.

Auf der Jagd nach Liebe

»Die Affen sind *dewanee*«, sagen die Dschungeltiere. Sie sind verrückt auf eine Art und Weise, die gefährlich werden kann. Wenn die Affen richtig verrückt sind, kennen sie keine Furcht und keine Grenzen. Dann verstecken sich alle anderen und warten, dass die Bande weiterzieht. Mowgli, der die Affen zuerst recht unterhaltsam findet, bekommt deren gefährliche Verrücktheit am eigenen Leib zu spüren, als sie ihn entführen. Da Mowgli mit seinen Händen die »rote Blume«, das Feuer, holen kann, wollen sie ihn für sich haben. Die rote Blume würde, so meinen die Affen, ihren Status im Dschungel heben. Was die Menschen haben, das wollen sie auch haben. Warum ist das so?

Balu hat uns erzählt, wie Ansprüche und Erwartungen entstehen (S. 42 ff.), wie uns von außen vorgegaukelt wird, dass der Wert eines Menschen von Luxusgütern und Statussymbolen abhängt. In diesem Zusammenhang stand das gesellschaftliche Ansehen im Vordergrund. Doch es gibt noch tiefer liegende Gründe für diese Art von Konsumzwang.

Wer immer schaut, was andere besitzen und dies dann auch haben will, leidet nicht selten unter einem Minderwertigkeitskomplex ganz besonderer Art. Es ist nicht die Bewunderung anderer, zum Teil fremder Menschen, nach der verlangt wird. Das Kleid nach neuester Mode, das neue Auto, die Mitgliedschaft im Tennisverein und der Besuch des teuersten Restaurants sollen darüber hinwegtäuschen, dass der Mann oder die Frau sich innerlich ungeliebt fühlt. Oft entsteht dieses Gefühl schon in der frühen Kindheit. Leistung und Besitz sollen die elterliche Liebe, die der Vater oder die Mutter dem Kind nicht geben konnte, als es klein und nicht zur Leistung fähig war, nun endlich garantieren.

Auch den Affen geht es so. Im Dschungel will niemand etwas mit ihnen zu tun haben. Doch die Affen sehnen sich danach, dazuzugehören. Können sie nicht zu den Tieren gehören, so sollen es eben die Menschen sein, denen sie sich anschließen. Die Affen versuchen, Anerkennung und Liebe durch Güter und Fähigkeiten zu erlangen, die im Dschungel etwas Besonderes sind.

Marina kennt das gut, doch hat sie diese Mechanismen lange nicht durchschaut. Ihr Vater war enttäuscht darüber, »nur« ein Mädchen bekommen zu haben. Er vermittelte seiner Tochter das Gefühl, als Mädchen nicht so viel wert zu sein wie ein Junge. Marina fühlte sich ungeliebt. Daraufhin versuchte sie perfekt zu sein, um die Liebe ihres Vaters zu erringen. Sie strengte sich an, wo sie konnte. Sie war Klassenbeste und verlor dadurch die Freundschaft der Kameraden, die in ihr eine Streberin sahen. Sie spielte Handball, um zu zeigen, dass sie eine Sportskanone ist (ohne zu beachten, dass Jungs keineswegs immer sportlich sind). Sie versuchte, genau wie die Affen, jemand zu sein, der sie niemals sein konnte. Sie arbeitete unermüdlich daran, perfekt zu sein. Gut war nie gut genug. Sie schloss ihr Studium mit Auszeichnung ab und seit sie in der Firma die Leitung ihrer Abteilung übernommen hat, sind die Umsatzzahlen in ihrem Bereich gestiegen.

Marinas Wohnung sieht aus wie aus einem Einrichtungsmagazin, ihre Kleidung ist in Stil und Farbe perfekt auf ihren Typ abgestimmt, Friseur und Kosmetikerin sind ein regelmäßiges Muss. Auch das Produkt »Marina« muss perfekt sein. Doch Marina hat kaum Freunde und schon gar keinen Mann. Das wurmt sie, denn ihr Vater wünscht sich Enkelkinder. Noch immer leidet sie unter dem Gefühl, nicht gut genug zu sein. Doch mit ihrem Perfektionismus geht Marina anderen Menschen gehörig auf die Nerven.

Materiell oder persönlich – wer alles haben will, der wird im Dschungel untergehen. Es ist nicht wichtig, Klassenbester zu sein und alles zu können. Es kommt nicht darauf an, alles zu besitzen, was es zu kaufen gibt. Das bedeutet nicht, lernen sei unwichtig und Ziele hochzustecken immer unsinnig. Es geht darum, für sich herauszufinden, was eine wirkliche, persönliche Bereicherung ist und was nur unnötiger Ballast. Wird das Boot auf dem Fluss des Lebens überladen, ist es im Sturm nicht mehr zu lenken. Es ist zu schwer und versinkt.

Marina merkt, dass sie etwas ändern muss, denn sie fühlt sich permanent unter Druck. Sie kann einfach nicht loslassen. Selbst ein eigentlich zwangloses Abendessen wird von ihr bis ins kleinste Detail geplant. Doch bei Marina ist es wie bei vielen anderen Menschen auch: Erst ein einschneidendes Erlebnis bewirkt ein Umdenken. Eines Tages erwischt es Marina. Kurz bevor sie zur Arbeit fahren will, bekommt sie Herzrasen, Schweißausbrüche und hat das Gefühl, keine Luft mehr zu bekommen. Eine Panikattacke zwingt Marina, sich Hilfe zu holen und ihr Leben zu ändern. Sie hat Glück und findet einen Therapeuten, der es mit Balus Gemütlichkeit hält. Er bringt Marina bei, sich selbst anzuerkennen, sich vom Perfektionismus zu lösen und das Leben etwas lockerer zu sehen.

Doch so weit muss es ja gar nicht kommen. Besser, wir hören schon vorher auf Balu und bringen wieder mehr Ruhe und Gemütlichkeit in unser Leben. Doch was tue ich, wenn ich mich ungeliebt fühle und im Zwang und Leistungsrausch versinke? Wie befreie ich mich aus dem Treibsand, der mich unaufhaltsam in die Tiefe zieht?

Balu wirft das Seil aus, das Sie aus dem Treibsand zieht

Zuallererst ist es wichtig, festzustellen, wie tief Sie schon eingesunken sind. Halten Sie einfach mal an. Wo befinden Sie sich im Moment? Beantworten Sie folgende Fragen:
- Stehen für Sie Ordnung und Sauberkeit an erster Stelle?
- Haben alle Dinge in Ihrem Haushalt einen festen Platz?
- Hassen Sie spontane Verabredungen?
- Sind Sie überpünktlich?

- Planen und organisieren Sie Ihre Freizeit klar und mit festen Terminen?
- Reagieren Sie ungehalten, wenn jemand Ihnen z. B. beim Abwaschen hilft und etwas anders macht, als Sie es tun?
- Halten Sie Termine auch ein, wenn Sie sich krank fühlen und eigentlich lieber nicht kommen wollen?
- Gehen Sie immer und ohne Ausnahme in Ihren Sportverein oder das Fitnessstudio, weil Sie ja dafür bezahlen, selbst wenn Sie eigentlich keine Lust haben?
- Haben Sie das Gefühl, sich alles verdienen zu müssen?
- Sind Sie überzeugt, dass Sie immer mehr leisten müssen als andere, um das gleiche Maß an Anerkennung zu bekommen?

Wenn Sie die meisten Fragen mit »Ja« beantwortet haben, dann wird es Zeit, dass Balu kräftig am Seil zieht und Sie aus dem Treibsand befreit. Ihr Hang zum Perfektionismus ist gefährlich stark.

Peter, der seinen Aufgaben lieber auswich, anstatt sie zu erledigen, fühlte sich ebenfalls minderwertig. Er lernte von Balu, seinen Wert zu erkennen, indem er sich seine eigenen Fähigkeiten bewusst machte. Wer zum Perfektionisten wird, um sich wertvoll zu fühlen, weiß in der Regel um seine Fähigkeiten, denn er hat täglich die perfekten Ergebnisse vor Augen. Hier liegt also die Wurzel des Übels in dem Glauben, Liebe nur durch Leistung zu bekommen. Üben Sie mit Balu, sich aus dieser Falle zu befreien. Dann wird ihr Alltag wieder gemütlicher, und auch die Freunde kommen gerne zu Besuch.

 Das Erste, was Balu Ihnen rät, nachdem er Sie aus dem Treibsand gezogen hat, ist: »Schüttel den Sand ab!«

Übung: *Den Stress abschütteln*

Die Schüttelübung löst Ihre Anspannung. Stellen Sie sich aufrecht hin. Die Füße stehen hüftbreit auseinander. Tragen Sie dabei flache Schuhe oder nur Ihre Strümpfe. Schließen Sie die Augen. Lassen Sie nun ein leichtes Vibrieren durch die Beine gehen. Die Vibration breitet sich langsam durch den ganzen Körper aus und wird dabei stärker. Es schüttelt Sie. Die Arme, die Beine, die Hüfte, die Schultern und auch der Kopf sind in Bewegung.

Wenn Sie merken, dass Sie einen festen Rhythmus aufnehmen, ändern Sie die Art und Weise Ihrer Bewegung wieder. Stellen Sie sich vor, der Boden unter Ihren Füßen ist ebenfalls in Bewegung und gibt diese an Ihren Körper weiter. Schütteln Sie sich zehn Minuten lang. Das erscheint lange, doch während der Übung werden Sie merken, wie die Zeit plötzlich keine Bedeutung mehr hat. Spielen Sie eine passende Musik (z. B. Trommelrhythmen) dazu ab und beenden Sie die Übung mithilfe eines Signaltons (z. B. von einer Uhr).

Jede Art von Stress kann mithilfe der Schüttelübung reduziert werden. Die Lockerung der verspannten Muskulatur, ein positiver Nebeneffekt der Übung, löst in den Muskeln gespeicherte Gefühle und gibt dem gesamten Organismus einen Impuls zur Entspannung.

Perfektionismus ist eine besondere Art von Stress, denn er hat Suchtcharakter. Perfektionisten fühlen oft ein starkes inneres Bedürfnis, genau so zu handeln, wie sie es tun. Können sie den Perfektionismus nicht ausleben, fühlen sie sich ähnlich wie Menschen mit Entzugserscheinungen.

Balu erinnert sich bei dieser Übung daran, wie er als kleiner Bär in einen Ameisenhaufen gefallen ist und die Ameisen überall in seinem Fell herumkrabbelten. So, wie die Ameisen einen kribbelig machen, fühlt sich ein Perfektionist, der nicht perfekt sein darf. Allein das Erkennen des Verhaltensmusters ist noch keine vollständige Lösung. Es ist jedoch ein Anfang, sich aus dieser besonderen Stressfalle zu befreien.

Um sich von perfektionistischem Verhalten zu lösen, ist es hilfreich herauszufinden, wodurch es entstanden ist. Stellen Sie sich folgende Fragen:

- Wann habe ich zum ersten Mal die Erfahrung gemacht, für ein perfektes Verhalten gelobt zu werden?
- Hatte ich als Kind das Gefühl, nur durch besondere Leistungen die Anerkennung und die Liebe meiner Eltern zu bekommen?
- Gab es in meinem Leben wiederkehrende Konkurrenzsituationen, die von mir perfekte Leistungen forderten? (Mussten Sie sich z. B. mit einem Geschwisterkind vergleichen, das ständig in irgendetwas besser war als Sie?)
- Welcher Art sind die Ziele, die ich im Leben verfolge? Sind sie so hochgesteckt, dass ich den Eindruck habe, sie nur durch Perfektion erreichen zu können?
- Habe ich schon früher das Gefühl gehabt, nur durch Perfektion die Kontrolle über mein Leben zu behalten? (Schauen Sie hier zurück auf Situationen in der Schule und im Beruf, aber auch im Bereich zwischenmenschlicher Beziehungen.)
- Seit wann kann ich nicht mehr locker sein? Wie war ich als Kind in diesem Punkt?

Übungen: *Weniger Perfektion – mehr Gemütlichkeit*

Übung 1: Üben Sie ganz bewusst, loszulassen. Perfektionisten halten krampfhaft ein ungesundes Verhalten aufrecht, das ihnen einen sicheren Rahmen geben soll, an dem sie sich orientieren können. Doch dieser Rahmen wird mit der Zeit zu einem Gefängnis.

Balu spielt gerne das Spiel mit der Orange, wenn er zu sehr an einem Thema festhält, sich zu viele Sorgen macht oder seine Gedanken sich im Kreis drehen. Sie können dafür einen handlichen Ball benutzen.

Werfen Sie den Ball in die Luft und fangen Sie ihn wieder auf. Sprechen Sie dabei: »Werfen – fangen, werfen – fangen.« Nach einer Weile lassen Sie den Ball fallen. Sprechen Sie dazu: »Werfen – loslassen.« Lassen Sie den Ball in unregelmäßigen Abständen fallen. Es soll kein regelmäßiges Muster entstehen.

Das bewusste Loslassen des Balls, von oben genannten Sätzen begleitet, gibt dem Unterbewusstsein den Impuls, Loslassen als etwas völlig Normales zu bewerten. Diese Einstellung wird dann auch auf Alltagssituationen übertragen.

Übung 2: Ganz egal, ob es die Erfahrungen aus Kinderzeiten, Einflüsse von außen oder zu hochgesteckte und falsch gewählte Ziele sind, die Sie zum Perfektionisten machen – Sie können etwas verändern. Üben Sie ganz bewusst, einmal fünf gerade sein zu lassen.

Lassen Sie an zwei Tagen in der Woche das Bett morgens ungemacht. Das Weinglas vom Abend bleibt einfach mal bis zum Morgen auf dem Tisch stehen. Lassen Sie ein Buch oder eine Zeitung auf dem Sessel liegen und in der Küche das Geschirr einen Tag lang unabgewaschen. Tasten Sie sich langsam an ein kleines bisschen Unordnung heran. Wer jeden Tag Staub saugt, lässt den Sauger an zwei Tagen in der Woche einfach in seiner Ecke. Üben Sie, nicht immer überpünktlich zu sein. Lassen Sie Ihre Freundin bei der nächsten Verabredung einfach mal ein paar Minuten auf Sie warten. Sie werden sich wundern, wie positiv Ihre Umgebung reagieren wird.

 Balus besonderer Tipp: »Ein Haustier hilft wunderbar dabei, lockerer zu werden.« Tiere zwingen Sie geradezu zu einem entspannteren Umgang mit Ihren Ansprüchen an Haushalt und Kleidung.

Übung 3: Wenn Sie bisher all Ihre Handlungen zielgerichtet durchgeplant haben, dann kann Ihnen ein Tag voller Sinnlosigkeiten helfen. Anstatt die Freizeit am Wochenende straff zu organisieren, nehmen Sie sich nichts Besonderes vor. Sie warten einfach ab, was geschieht.

Entscheiden Sie ganz spontan. Ist das Wetter gut, fahren Sie mit Auto, Bus oder Fahrrad einfach ins Blaue. Lassen Sie sich überraschen, wo Sie ankommen und wem Sie unterwegs begegnen. Ist das Wetter schlecht, entscheiden Sie spontan, ob Sie ins Schwimmbad gehen, ein Museum besuchen, einen Kinofilm ansehen oder einen Tag im Bett mit einem guten Buch und ein paar Leckerlis verbringen wollen. Krümeln Sie das Bett voll, Sie können es später wieder sauber machen. Ihr Handeln an diesem Tag sollte einfach mal ganz ohne einen Sinn sein. Es gibt kein Ziel, das Sie erreichen müssen. Es gibt nur das ganz entspannte und lockere Dasein.

Fressen und gefressen werden

Als Mowgli aus dem Wolfsrudel ausgeschlossen wird, weil Shir Khan der Tiger die meisten Wölfe davon überzeugt, dass ein Menschenjunges kein Wolf sein kann, geht er ins Dorf zu den Menschen. Dort wird er von Messua aufgenommen, die ihren Sohn an den Tiger verloren hat, als er klein war. Mowgli schläft nachts draußen auf der Wiese, denn unter einem Dach, das wie eine Pantherfalle aussieht (so sagt er zu sich selbst), kann er nicht schlafen. Dort kommt Grauer Bruder, der älteste seiner Wolfsbrüder, zu ihm. »Du riechst nach Rauch und Vieh, fast schon wie ein richtiger Mensch«, bemerkt der Wolf. »Du wirst doch nicht vergessen, dass du ein Wolf bist? Die Menschen werden es dich nicht vergessen lassen?«, fragt er besorgt.

Grauer Bruder hat recht mit seiner Besorgnis. Mowgli ist jung, er könnte Gefallen am Leben der Menschen finden. Er könnte ihre Gewohnheiten, ihre Art zu denken, ihre Werte und ihr Handeln übernehmen. Er könnte vergessen, wie es ist, ein Wolf zu sein. Er könnte vergessen, Mowgli zu sein.

Viele Menschen merken gar nicht, dass sie nicht sie selbst sind. Sie werden manipuliert, verbogen, verändert. »Das kann mir nicht passieren«, werden Sie wahrscheinlich sagen. Aber Manipulation läuft oft völlig unbemerkt ab. Balu wendet sie an, wenn er seinen Schülern etwas Neues beibringen will. So behauptet er, er sei zu schwer, um auf einen ganz bestimmten Baum zu klettern, in dem wilde Bienen ein Nest haben. Er lässt Mowgli hinaufklettern, der auf diese Weise lernt, Honig zu sammeln. Mowgli lässt sich manipulieren. »Du kannst das besser als ich. Du hast Hände« ist einer der Sätze, mit denen Balu dafür sorgt, dass Mowgli seine Fähigkeiten erweitert, ohne dass er es gleich merkt. Kinder gehen oft in Opposition, wenn sie etwas tun sollen. Sie weigern sich einfach. Wenn man ihnen sagt, sie könnten es aber viel besser, sind sie bereit, dies sofort zu beweisen. Hier wird die Manipulation positiv verwendet. Sie sorgt dafür, dass ein Verhalten gelernt wird, dass Fähigkeiten ausgebaut werden.

Auch am Arbeitsplatz findet diese Art der Manipulation statt. Doch nicht immer sollen Sie dadurch ermuntert werden, etwas zu lernen. »Sie können sich fließender ausdrücken, bitte übernehmen Sie diese Präsentation« oder »Ohne dich schaffe ich es nicht« sind nur zwei Beispiele dafür, wie Sie dazu bewogen werden etwas zu tun, was Sie eventuell gar nicht wollen. Einige Kollegen haben diese Manipulationstechnik so perfektioniert, dass sie immer pünktlich Feierabend haben, alle gerne für sie einspringen und sie sich nie wirklich anstrengen müssen. Manch Chef benutzt diese Methode, um noch mehr Leistung und unbezahlte Überstunden zu erwirken. Die Mitarbeiter werden von ihm gefressen wie die Antilopen vom Tiger.

Im Privatleben kann solche Manipulation ganz extreme Formen annehmen und bewirken, dass ein Mensch seine Persönlichkeit vollkommen ändert.

»Du siehst viel schicker aus, wenn du Highheels und enge Kleider trägst«, »Du bist ein toller Typ, wenn du immer freitags mit mir ausgehst«, »Nur mit dir und deinem Einsatz kann ich erfolgreich sein« sind einige Beispiele, wie ein Mensch dazu manipuliert werden kann, ganz entgegen seiner eigenen Modevorstellungen, Freizeitvorlieben und beruflichen Pläne zu handeln. Wer auf diese Weise seine eigenen Wünsche und Bedürfnisse immer zurückstellt und versucht, jemand anderes zu sein, weil es dem Partner so scheinbar besser gefällt, dessen Persönlichkeit wird gefressen. Wie im echten Dschungel geht es auch im Dschungel des menschlichen Miteinanders oft um fressen und gefressen werden. Wer die Fallen erkennt, kann ihnen entgehen und gegebenenfalls eigene Fallen aufstellen.

 Balu rät zur Vorsicht, wenn jemand über ein Lob eine Gefälligkeit erreichen möchte. Da könnte eine Falle verborgen sein.

»Menschen«, so erklärt Balu, »sind das schwächste Glied in der Kette der Lebewesen. Darum ist es ein unwürdiges Verhalten, sie zu jagen.« In Balus Dschungel halten sich die Tiere an dieses Gesetz. Nur Shir Khan, der aufgrund einer lahmen Pfote ebenfalls schwach ist und nicht gut jagen kann, bricht diese Regel. Er raubt Menschenkinder, die schwächsten von allen. Die Menschen hingegen stellen Fallen, weil sie zu schwach sind, im Zweikampf mit den Tieren zu bestehen.

Balu gibt Ihnen folgenden Tipp: »Wenn dich jemand mit der Lobfalle manipulieren will, frage dich doch einmal, warum er dich nicht einfach ganz direkt bittet. Fühlt sich der andere wirklich schwach oder schützt er Schwäche vor, um dich ausnutzen zu können?

Der Tiger im eigenen Haus

Mit dem Seufzer »Ach, ich kann das nicht« versuchen sich manche Menschen vor der Arbeit zu drücken. Sie lassen alles liegen, was sie vermeintlich nicht können, und überlassen es anderen, das Chaos aufzulösen. Scheinbare Hilflosigkeit wirkt besonders gut, wenn Frauen sie bei Männern anwenden, denn diese sind einfach genetisch dazu veranlagt, alles »reparieren« zu wollen. Eine hilflose Frau weckt ihren Beschützerinstinkt, mobilisiert den Handwerker in ihrem Inneren.

»Ich brauchte mich um nichts zu kümmern, das macht alles mein Mann«, erzählte Monika überall stolz. Sie hatte ihren Mann geschickt dazu gebracht, alle Dinge, die ihr lästig waren, zu übernehmen. Doch eines Tages stand sie alleine da. Der Angetraute war mit einer Tennispartnerin durchgegangen. Nun trat der große Nachteil von Monikas Manipulationsstrategie zutage: Sie hatte keine Ahnung von den Finanzen der Familie, die Versicherungen waren ihr ein Buch mit sieben Siegeln und die Haustechnik ein Leitungsdschungel. Monika hatte sich selbst in eine Schlucht gelockt. Ihre Versuche, die gleiche Masche der Hilflosigkeit bei Freunden anzuwenden, stießen jedoch auf wenig Erfolg: »Dann wirst du dich eben jetzt damit auseinandersetzen müssen«, bekam sie zu hören.

Anders Jochen. Er überschüttete seine Lebensgefährtin Janine mit Fürsorge. »Ich liebe dich, ich erledige das« war seine Manipulationsmethode. Janine fühlte sich geschmeichelt und ließ ihn gewähren. Doch bald merkte sie, dass Jochen auf diese Weise dafür sorgte, sie unselbstständig zu machen. Janine, die bisher gewohnt war, ihre Angelegenheiten selber zu regeln, fühlte sich zunehmend unwohl. Sie wollte aktiv sein, mitmachen und mitentscheiden. Und sie merkte, wie sie immer mehr die Kontrolle über ganz persönliche Lebensbereiche verlor. Jochen wollte allein entscheiden. Er wollte Macht ausüben. Es kam zum Krach. »Ich darf dich wohl nicht lieben, du lässt mich dich nicht versorgen, du bist keine echte Frau«, warf er Janine vor. Sie argumentierte, dass seine Fürsorge sie ersticken würde. Seine Übermacht ließ ihr Selbstwertgefühl schwinden. Sie begann, sich schwach und dumm zu fühlen. Doch da Janine sich eben nicht fressen lassen wollte, trennte sie sich von Jochen.

Liebe ist oft Gegenstand von Manipulationen. »Wenn du mich liebst, dann tust du das für mich« – kommt Ihnen das bekannt vor? Wenn Teenager auf diese Weise testen, ob der Partner etwas mehr empfindet als ein simpler Kumpel vergangener Kindertage, mag man dies mit der Unerfahrenheit und Unsicherheit der Jugend entschuldigen. Wer als reifer Erwachsener zu solchen Methoden greift, der vergewaltigt die Liebe.

 Balu würde sagen: »Wenn Du eine Falle bauen musst, in der du die Liebe fangen willst, weil sie sonst nicht zu dir kommt, dann hat die Liebe Angst vor dir. Sie wird fliehen, sobald du einmal nicht richtig aufpasst. Liebe lässt sich nicht fangen. Liebe kommt, wo Vertrauen wächst. Säe Vertrauen auf dein Lebensfeld. Dann wird die Liebe von allein kommen, wie eine Hirschkuh, die erst scheu die Umgebung sichert, bevor sie die Weide betritt.«

Mowgli kommt mit der Manipulation in Berührung, als er im Dorf bei den Menschen lebt. Die Götter der Menschen und ihr Zorn sind die Mittel, mit denen der Priester und die mächtigen Männer des Dorfes die anderen Bewohner beeinflussen. In allen Ländern der Welt benutzen religiöse Führer allzu oft manipulative Techniken, um ihre Gemeinde dahin zu lenken, wo sie sie haben wollen. Oft hat das wenig mit echtem Glauben zu tun. Es ist schierer Machtanspruch.

Unbewusst lassen wir uns auffressen

Dass Werbung manipuliert, ist den meisten Menschen klar. Selbst die Affen im Dschungel lassen sich davon beeinflussen. Wer den Affen verspricht, sie würden sein wie die Menschen, wenn sie Dinge besitzen, die die Menschen besitzen, der kann ihnen alles aufschwatzen, was er will. Affen sind eben dumm.

Balu lacht, wenn er hört, jemand lasse sich nicht von Werbung manipulieren. Doch warum kaufen Sie sich in diesem Sommer diese Schuhe in dieser Form und in dieser Farbe? Brauchen Sie diese Schuhe, weil die alten kaputt sind? Eigentlich nicht. Doch in Zeitschriften und auf Plakaten sehen wir schöne Bilder von schönen Menschen in schöner und moderner Kleidung. Unser Unterbewusstsein reagiert darauf. Und schon haben wir das neue und moderne Paar im Schrank stehen.

Ist Ihnen schon einmal aufgefallen, was passiert, wenn sie abends fernsehen? Es wird eine Werbepause ausgestrahlt. Ein Getränk oder etwas zu essen wird angepriesen. Unbewusst wird das Bedürfnis nach Nahrung geweckt. Sie stehen auf und sehen nach, was Sie im Haus haben. Sie essen oder trinken. Beim nächsten Einkauf wird dafür gesorgt, dass kein Mangel entsteht. Sie sind manipuliert worden.

Wahlkampfwerbung funktioniert genauso. Der Kandidat lässt sich mit ganz bestimmten Wählergruppen aufnehmen. Immer in positiver Atmosphäre. Ob es Jugendliche sind, mit denen er spricht und Fußball spielt oder denen er zum erfolgreichen Studienabschluss gratuliert, ob es Rentner sind, die in angenehmem und menschenwürdigem Umfeld mit ihm Kaffee trinken oder in einem freundlich wirkenden Pflegeheim besucht werden – das Unterbewusstsein nimmt all dies auf verschiedenen Wahrnehmungsebenen auf. Tatsächliche Inhalte der Wahlprogramme sind dann unerheblich. Das Kreuz landet an der gewünschten Stelle.

Besonders im Freundeskreis fällt Manipulation weniger auf als in öffentlicher Werbung. So lässt sich erklären, dass Beraterinnen, die ins Haus kommen, im eigenen Freundeskreis die höchsten Umsätze erzielen: »Unter Freunden, diese Creme tut deiner Haut gut. Du siehst wirklich etwas älter aus, als es sein müsste«. Oder: »Mit dieser Dose bleibt der Salat viel länger frisch und du kannst ihn ruhig ein paar Tage aufbewahren. Das mache ich auch so.« Wer will da dem gut gemeinten Rat der Freundin widersprechen? Die Freundin wird doch nichts Schlechtes empfehlen! Und so wurden Sie wieder unbemerkt manipuliert und sind hundert Euro los, die Sie eigentlich anders verplant hatten.

Freunde meinen es in der Regel nicht böse. Sie sind überzeugt davon, uns Gutes zu tun. Sie versprechen uns eine positive Veränderung oder eine schöne Erfahrung und bemerken oft selber nicht, wie viel Eigennutz dahintersteckt.

»Nein« – ein Schritt heraus aus der Schlucht des Tigers

Denken Sie doch einmal darüber nach, wann sie das letzte Mal etwas getan haben, was Sie eigentlich gar nicht wollten, nur weil jemand zu Ihnen gesagt hat:
- Das ist der neueste Schrei, damit bis du voll im Trend!
- Wenn du ihn liebst, musst du das für ihn tun!
- Wenn du nicht mitkommst, bist du raus aus der Gruppe!
- Aber den muss man doch kennen!
- Für eine Frau von Format ist das üblich!
- Wenn du das für mich tust, verspreche ich dir …
- Bist du etwa altmodisch?
- Du bist viel besser darin, das geht doch dann viel schneller … usw.

Wenn Sie feststellen, dass dies sehr häufig der Fall ist und sie ungern Nein sagen, besonders, wenn die Bitte mit einem Kompliment verbunden an Sie gerichtet wird, dann wird es Zeit, dass Sie darüber nachdenken, warum das so ist.

Haben Sie Angst vor Ablehnung? Denken Sie, wenn Sie Nein sagen, werden sich Freunde und Kollegen von Ihnen abwenden, Sie nicht mehr mögen? Wollen Sie einfach immer gefallen? Oder fürchten Sie sich, in eine Auseinandersetzung zu geraten, wenn Sie ablehnen? Haben Sie Angst vor Konflikten?

Manipulation funktioniert nur, wenn beide Beteiligten »mitspielen«: erstens der Manipulierende und zweitens der, der sich manipulieren lässt. Lernen Sie, Nein zu sagen. Wir sagen oft Ja und tun Dinge, zu denen wir eigentlich gar keine Lust haben oder die uns gar nicht liegen, nur um den anderen nicht zu verletzen. In der Regel kennen wir das Gefühl, zurückgewiesen zu werden, selbst zur Genüge. Es ist unangenehm, besonders wenn wir ein Nein als persönliche Ablehnung interpretieren und es nicht auf einer sachlichen Ebene erfahren. So sagen wir Ja und vermeiden das Schuldgefühl, das entsteht, wenn wir einen anderen Menschen in seinen Gefühlen verletzen. Wenn Sie ergründen, warum Sie sich so gerne fressen lassen, obwohl Sie damit nicht wirklich glücklich sind, haben Sie die nächste Stufe zu mehr Gemütlichkeit gemeistert. Denn wäre es nicht schön, wenn Sie zur Abwechslung pünktlich Feierabend machen und den Rest des Tages genießen könnten?

Wer sich manipulieren lässt, ist andauerndem Stress ausgesetzt. Einerseits versucht er ständig, die an ihn gestellten »freundlichen Forderungen« zu erfüllen, andererseits verleugnet er seine eigenen Wünsche und Ziele und damit elementare Teile seiner Persönlichkeit. Gefressen werden ist anstrengender, als selbst zu fressen.

Um auf ein freundliches Angebot richtig reagieren zu können, ist es wichtig, die Motivation hinter diesem Angebot zu erkennen. Will Ihre Freundin mit der Bitte, sie in ein Konzert oder zu einem Einkauf zu begleiten, Ihnen etwas Gutes tun? Braucht sie wirklich Ihren Rat? Hat sie Angst, allein zu entscheiden? Wenn der Kollege Sie wieder einmal um die Übernahme einer seiner Aufgaben bittet – was steckt dahinter? Kann er es nicht selbst? Nimmt er zu viel an und schafft die Arbeit dann nicht? Ist er faul und wälzt gerne Arbeit auf andere ab?

Freunde akzeptieren in der Regel, wenn Sie Nein zu einer Einladung sagen. Andere Menschen, die wir nicht so gut kennen, sind in diesem Punkt manchmal schwer einzuschätzen. Wer Nein sagt und sich hinterher beschwert, nicht dabei gewesen zu sein, der erscheint fragwürdig. Achten Sie darauf, wie Sie Ihre Ablehnung formulieren. Sie sollten ehrlich sagen, ob Sie keine Lust haben, einfach müde sind oder das

Thema Sie nicht interessiert. Die Aussage »Keine Zeit« ist zwar oft richtig, wird aber heutzutage so oft als Argument missbraucht, dass sich eigentlich jeder bei dieser Antwort fragt, was wohl der wirkliche Grund für die Absage ist. Dennoch ist es möglich, dass Sie damit die Wahrheit sagen. Dann schlagen Sie am besten einen Ausweichtermin vor. Wenn Sie wirklich andere Gründe haben, dann nennen Sie diese ganz offen.

Übung: *Sagen Sie öfter Nein*

In welchen Situationen, bei welchen Angeboten sagen Sie Ja, obwohl Sie Nein sagen wollen? Notieren Sie die drei häufigsten. Welche Gründe haben Sie, diese Angebote ablehnen zu wollen? Schreiben Sie für jede Situation drei freundliche und ehrliche Antworten auf.

Schließen Sie nun die Augen und stellen Sie sich selbst in der ersten Situation vor. Hören Sie möglichst deutlich die gesprochenen Worte, versuchen Sie, die Gesichter klar zu sehen. Was empfinden Sie, wenn Sie Ja sagen? Machen Sie sich dazu eine Notiz. Nun verfahren sie genauso mit der neuen Antwort, dem Nein. Wie ist das für Sie? Welche tiefen Gedanken und Befürchtungen begleiten Ihr Nein emotional? Notieren Sie diese bitte auch.

Überlegen Sie sich als nächstes eine Situation, in der Sie sich gelassen, sicher und kompetent fühlen. Lassen Sie die Gefühle von Gelassenheit, Sicherheit und Kompetenz ganz deutlich werden. Nehmen Sie diese jetzt ganz fest in Ihre linke Hand, als hätten Sie dort ein Konzentrat, das wie ein kleiner Ball geformt ist. Blenden Sie nun über zur Situation, in der Sie Nein sagen wollen, und nehmen Sie den Ball mit. Lassen Sie die Gefühle aus dem Ball in der neuen Situation wirksam werden.

Spüren Sie, wie Sie gelassen, kompetent und sicher Nein sagen können. Verfahren Sie so mit allen Situationen, in denen es Ihnen schwer fällt, Nein zu sagen. Es wird auf diese Weise immer leichter werden.

 Balu fragt nach: »Bist du immer nur das Opfer, oder manipulierst du auch manchmal, um deine Ziele zu erreichen?«

Denken Sie darüber nach. Meistens fällt es uns leichter, den Tiger zu spielen, als zu unseren Schwächen und Unsicherheiten zu stehen oder einfach mal zuzugeben, dass wir etwas wirklich nicht alleine schaffen. Doch wer ehrlich zu seinen Schwächen steht, ist sympathisch. Er gibt seiner Umwelt die Möglichkeit, auch schwach sein zu dürfen. So hat jeder eine Chance auf mehr Gemütlichkeit. Es ist nicht nötig, sich immer abzustrampeln, um perfekt und fehlerfrei zu sein.

Der Dschungel der Liebe

Wir kennen wohl alle die Szene aus dem Walt-Disney-Film, in der Mowgli einem Mädchen aus dem Dorf verwirrt hinterhersieht und gar nicht recht weiß, was denn das für ein unbekanntes Wesen ist, geschweige denn, wie er sich ihm gegenüber verhalten soll. Wir erinnern uns, wie Balu dem Jungen einen aufmunternden Schubs gibt und Mowgli dem Mädchen folgt. Für uns war die Geschichte hier beendet. Für Mowgli ging sie irgendwie weiter.

Auch uns erscheint die Liebe oft wie etwas Geheimnisvolles. Mancher traut sich wie Mowgli nicht so recht heran an die geheimnisvollen Wesen des anderen Geschlechts. Mowgli spricht und versteht die Sprache des Dschungels, die Sprache der Tiere, mit denen er aufgewachsen ist. Aber die Sprache der Menschen ist ihm ein Rätsel. Als sprachbegabter Junge, der nicht nur »Wölfisch«, »Bärisch« oder »Schlangenzischel« beherrscht, lernt er schnell die richtigen Worte und Betonungen der menschlichen Sprache, als er nach Verlassen des Wolfsrudels im Dorf eine neue Familie findet. Doch die Zwischentöne, die unausgesprochenen Worte, die Ironie im Sprachgebrauch und die oft konträre Körpersprache bleiben ihm schwer verständlich.

»Versteh einer die Frauen!« – diesen Satz hat wohl schon jeder Mann in seinem Leben einmal von sich gegeben. Nicht nur Mowgli hat seine Probleme, in unserem ganz normalen Alltag wimmelt es ebenfalls von Missverständnissen, Unausgesprochenem und ironischen Anspielungen. Da wird Ja gesagt und dabei mit dem Kopf geschüttelt. Ja, was denn nun? Gilt das Wort oder die Geste? Da wird eine Einladung ausgesprochen und gleichzeitig werden die Arme vor der Brust gekreuzt. Das ist jedoch eine Geste, die besagt: »Diese Tür ist geschlossen.«

»Du bist aber ein ganz Netter« ist nicht unbedingt ein Lob. Es kann durchaus meinen: »Was bist du für ein unhöflicher

Kerl!«, wenn der Betroffene zum Beispiel eine Tür nicht aufgehalten hat. Hier macht der Ton die Musik.

Wer die Feinheiten zwischenmenschlicher Kommunikation nicht beherrscht, gerät über kurz oder lang mächtig in Stress.

- Schluss mit der Gemütlichkeit, ich muss mit meiner Kollegin über ein heikles Thema sprechen.
- Schluss mit der Gemütlichkeit, ich habe meinem Partner etwas Wichtiges zu sagen.

Schluss mit der Gemütlichkeit. Warum? Weil wir oft schon im Voraus wissen: Was immer wir auch sagen, es kommt nicht so an, wie wir es meinen. Und schon haben wir den Ärger.

Balu lehrt Sie die Sprache des Beziehungs-dschungels

Woher kommen die vielen Missverständnisse, die uns so oft unnötigen Ärger verschaffen? Warum versteht mich mein Gesprächspartner falsch oder gar nicht? Wie kommt es, dass in meine Worte Bedeutungen hineingelegt oder mir Absichten unterstellt werden, die gar nicht meinem Kommunikationsziel entsprechen?

»Ich möchte, dass du heute die Küche aufräumst« ist ein einfacher Satz mit einer einfachen Aussage. Doch hat er Susanne fast zur Verzweiflung gebracht. Ihr Mann Sven verstand: »Nie räumst du die Küche auf.« Er fühlte sich angegriffen, obwohl dies gar nicht Susannes Absicht war. Sie wollte nur mehr Zeit für eine andere Aufgabe haben, die zu erledigen war. Dann hätten beide gemeinsam einen gemütlichen Abend verbringen können. Es kam zu einem heftigen Streit, denn Sven weigerte sich. Der gemütliche Abend fiel aus.

Wenn wir wie Sven auf eine einfache Bitte um Unterstützung mit dem Gefühl, angegriffen oder kritisiert zu werden, reagieren, sollten wir uns fragen, welches Untier aus der Vergangenheit uns hinterherjagt. Oft sind es in der Kindheit erlernte Reaktionen, die uns die Gegenwart vermiesen. Bei Sven ist es der Tonfall, der ihn hier falsch reagieren lässt. Unbewusst schlägt Susanne den gleichen Ton an, den Svens Mutter benutzte, wenn sie sich über ihn beklagte. Sven hört nicht wirklich die Worte, die Susanne sagt. Seine Wahrnehmung ist auf den Tonfall fixiert, der dann zu seiner Reaktion führt. Susanne hat nicht besonders darauf geachtet, wie sie den obengenannten Satz ausspricht. Sie ist etwas genervt von der Hausarbeit und das klingt mit. Sie möchte es sich endlich gemütlich machen, aber außer der Küchenarbeit ist da noch die Wäsche etc. Obwohl Susanne nicht die Absicht hatte, Sven zu kritisieren, führt ihre einfache Bitte, die Küche aufzuräumen, zu einem fürchterlichen Streit.

Wir können nicht immer wissen, auf welchen Ton unser Gesprächspartner anders reagiert, als wir es beabsichtigen. Es kann sich auch um ein einzelnes Wort oder eine bestimmte Kombination von Wörtern handeln, die genau das Gegenteil von dem auslösen, was wir eigentlich wollten. Mancher hört nicht auf Worte und Tonfall, für ihn ist die Körpersprache ausschlaggebend. Wissenschaftler haben festgestellt, dass der größte Teil einer Kommunikation nonverbal, also außerhalb der Sprache verläuft. Wenn dann Sprache und nonverbaler Ausdruck einander auch noch entgegenstehen, wie oben beschrieben, löst dies beim Gesprächspartner Stress aus. Doch Stress ist genau das, was wir in unserem Alltag vermeiden wollen. Was würde wohl Balu dazu sagen?

Der Balu-Tipp Nun, Balu würde uns daran erinnern, was die Grundregeln beim erfolgreichen Jagen sind: »Sei unsichtbar, wenn du sichtbar bist, sei unhörbar, wenn du hörbar bist!«

Aber wie meint unser pelziger Ratgeber das? Unsichtbar? Unhörbar? Wir möchten doch eigentlich sichtbar und hörbar mit jemandem kommunizieren! Wer auf die Jagd geht, der macht sich unsichtbar, indem er sein Verhalten und möglichst auch sein Aussehen und seine Bewegungen denen des Opfers angleicht. Auf diese Weise gelingt es z. B. dem Buschmann in Afrika, dem Vogel Strauß sein Ei zu stehlen. Er verkleidet sich mithilfe von Zweigen und Buschwerk, sodass er aussieht wie ein Strauß. Er ahmt seine Bewegungen nach und bleibt so unbehelligt, bis der Strauß den Diebstahl bemerkt. Dann ist es jedoch zu spät.

Wer eine Kommunikation in angenehmer Atmosphäre führen und richtig verstanden werden möchte, dem ist die gleiche Umsicht und Vorgehensweise anzuraten. Wenn der Gesprächspartner sein Gegenüber als freundlich oder »artgleich« empfindet, die gleiche Sprache gesprochen wird und beide die Körpersprache als kongruent, also als zum Wortinhalt passend empfinden, dann ist die Kommunikation erfolgreich.

Wenn Ihre Kommunikation oft schiefläuft, dann wird es Zeit, den einzelnen Gesprächspartnern mehr Aufmerksamkeit zu schenken und ihre echte, persönliche Sprache zu lernen. Gerade in Partnerschaften ist hier oft das eigentliche Problem verborgen, das immer wieder zu Missverständnissen führt. Die Partner reden aneinander vorbei. Also hören Sie aufmerksam, welche Art von Worten Ihr Gesprächspartner bevorzugt.

Ein Beispiel: »Ich kann mir einfach nichts darunter vorstellen«, sagt Monika zu Klaus. »Hör zu, ich erkläre es dir noch mal«, antwortet Klaus. Wahrscheinlich wird Monika weiterhin nicht wissen, was Klaus meint. Sie benutzt das Wort »vorstellen«, ein Zeichen dafür, dass sie sich von einer Sache ein Bild machen muss, um sie zu verstehen. Klaus beginnt jedoch mit: »Hör zu.« Dies ist ein auditiver Begriff. Er bezieht sich auf eine andere Wahrnehmungsebene, nämlich das Hören.

Wenn Monika »sehen« will und Klaus von »hören« spricht, reden beide aneinander vorbei.

Benutzen Sie also die persönliche Sprache Ihres Gesprächspartners, um besser verstanden zu werden, und übersetzten Sie sich seine Worte in Ihre Sprache, um ihn besser zu verstehen.

Ein visueller Typ benutzt Worte wie: »Sich ein Bild machen, vorstellen, zusehen, hinschauen, farbig, grau, dunkel« etc.

Ein kinästhetischer Typ, also jemand, der alles anfasst, sagt: »Begreifen, tun, anpacken, glatt, rau, schwer« und Ähnliches.

Ein gefühlsbetonter Mensch benutzt emotionale Ausdrücke wie: »Weich, emotional, einsam, fröhlich, luftig, sanft, Gefühl« etc.

Ein Mensch, der seine Welt über das Gehör wahrnimmt, benutzt Begriffe wie: »Zuhören, laut, klingen, Ton, Harmonie, Dissonanz« etc.

Am besten erkennen Sie das bevorzugte Wahrnehmungssystem über die Augenbewegung. Diese verrät Ihnen, ob Ihr Gesprächspartner lieber hört, begreift oder sich etwas vorstellt. Sieht jemand beim Nachdenken schräg nach oben, ist er ein visueller Typ; bleibt der Blick horizontal, handelt es sich um einen auditiven Menschen; der Gefühlsmensch schaut nach unten.

Auch Ihre Körperhaltung trägt schon von Beginn an maßgeblich zum Erfolg des Gesprächs bei. Wenn Sie den Köper schräg abwenden, die Beine überkreuzen und die Arme vor der Brust verschränken, wird Ihr Gesprächspartner sich Ihnen nicht öffnen können. Ihr Körper spricht: »Ich will dich nicht.« Sitzt Ihr Partner an einem Schreib- oder Arbeitstisch, so sollten Sie sich nicht darauf abstützen, daraufsetzen oder darüberbeugen. Sie würden damit sein Revier verletzen und seine inneren Verteidigungsmaßnahmen aktivieren. Das wäre eine äußerst ungünstige Basis für Ihr Gespräch. Ihre Argumente würden schnell auf Ablehnung stoßen, weniger aufgrund der Inhalte als aufgrund der Revierverteidigung. Halten Sie also einen respektvollen Abstand. Nehmen Sie eine offene Körperhaltung ein und sehen Sie Ihren Gesprächspartner direkt an. So zeigen Sie ihm Ihre Bereitschaft zu offener und ehrlicher Kommunikation.

Viele Gespräche, die am Anfang gut liefen, geraten spätestens dann in gefährliche Stromschnellen, wenn sie sich in Vorwürfen erschöpfen.

»Du nervst mich, weil du jedes Mal …« oder »Immer wenn du …« sind Pfeile, die zielsicher die Integrität Ihres Gesprächspartners verletzen. Spätestens jetzt kommt ordentlich Stress auf. Wenn Sie etwas am Verhalten Ihres Partners stört, ist es wichtig, die richtige Formulierung dafür zu finden. Das ist nicht immer einfach, in Beziehungen jedoch von großer Bedeutung.

Nehmen wir einmal an, Sie sind beide berufstätig; aber aus irgendeinem Grund bleibt die Hausarbeit an Ihnen allein hängen, während sich Ihr Partner gemütlich in seinen Sessel verzieht. Ihm vorzuwerfen, er ließe Sie mit der Arbeit hängen, träfe zwar des Pudels Kern, sorgt hingegen nicht dafür, dass er wirklich mithilft, ohne vorher mit Ihnen zu streiten.

Beginnen Sie Ihre Kommunikation wie folgt: »Schatz, ich versteh gut, dass du nach Feierabend gerne gemütlich in deinem Sessel sitzt und entspannst. Das würde ich auch gerne. Da wir beide aber um neunzehn Uhr zu Abend essen wollen und auch noch das Altpapier wegzuräumen ist, fühle ich mich etwas überfordert. Es wäre schön, wenn du mir abends erst einmal hilfst, damit wir dann beide einen gemütlichen Abend haben.« Ist er der richtige Partner, dann steht er auf und hilft mit. Ist er von zu Hause gewohnt, dass die Frau alles allein macht: Schmeißen Sie ihn raus! Solche Männer ändern sich selten und sorgen oft nur für unnötigen Stress.

In unserem Beispielsatz bleiben Sie frei von Vorwürfen. Sie erklären, dass Sie es sind, die nicht zurechtkommt und regen damit den »Helfer im Manne« an. Sie präsentieren eine Schwäche. Er kann stark sein und Ihnen zur Hand gehen. Männer können mit persönlichen Schwierigkeiten und Schwächen oft schlechter umgehen als Frauen. Wird ihnen etwas vorgeworfen, interpretieren sie dies oft als einen Charakterfehler. Andersherum kann ein Mann seine Partnerin dadurch erreichen, dass er ihre innere Fürsorgerin anspricht.

 Balu rät: »Bleib sachlich, auch wenn deine Gefühle stark betroffen sind.« So können Sie ein erfolgreiches Gespräch führen und unnötigen Stress vermeiden.

Partnerwahl im Liebesdschungel

Jagen oder gejagt werden? Diese Frage ist besonders für Frauen ein Thema von großer Bedeutung. Wer den richtigen Partner sucht, wird nicht immer fündig und weiß oft nicht, woran es liegt.

Ein Mann fühlt sich geschmeichelt, wenn eine Frau zeigt, dass sie an ihm interessiert ist. Ruft sie ihn allerdings häufig an, besonders in der ersten Zeit des Kennenlernens, dann fühlt Mann sich schnell bedrängt und macht einen Rückzieher. Andererseits sind Frauen, die erobern anstatt erobert zu werden, oft unsicher, was die Gefühle des Mannes für sie betrifft: »Weiß er mich zu schätzen? Habe ich es ihm zu leicht gemacht? Bleibt er oder geht er«?, fragt sie sich dann.

Bei all unserem modernen Verhalten und aller Gleichberechtigung gibt es doch einige genetisch angelegte Strukturen, die gerade bei der Partnerwahl wieder durchschlagen. Mann will erobern, Frau will erobert werden. Es klingt abgedroschen, ist aber eine unumstößliche Tatsache, die auf neunzig Prozent der Männer und Frauen zutrifft. Der Mann schmückt sich gerne mit seiner Trophäe, der Frau, die er erobert hat. Die Frau fühlt sich sicher, geborgen und wertgeschätzt, wenn er sich die Mühe gemacht hat, sie zu erobern. Gerade unsichere Frauen sollten auf einen eigenen Jagdausflug verzichten. Erobert zu werden stärkt das Selbstwertgefühl der Frau, erfolgreiches Erobern das des Mannes. Doch sollten sich Männer nichts vormachen: Bei aller Taktik ist es doch die Frau, die letztendlich entscheidet, ob die Bekanntschaft zu einer Beziehung führt. Da mag er noch so balzen.

Um im Dschungel den richtigen Partner zu finden, ist es wichtig, sich einen Überblick über das »Angebot« zu verschaffen. Wer ist gefährlich? Mit wem ist ein Flirt prickelnd, doch unverbindlich? Wer ist für eine feste Bindung geeignet? Wir sollten daher erst einmal Balu fragen, welche Typen den Liebesdschungel durchstreifen und feststellen, welcher davon zu uns passt. Sonst endet unser Jagdausflug womöglich wieder mit einer Enttäuschung.

Der Tiger/Die Tigerin

Für beide gilt: schön aber gefährlich. Der Tiger wirkt immer selbstsicher und stark. Sein Timing ist perfekt: Zur rechten Zeit am rechten Ort lauert er seinem Opfer auf. Sein Charme ist betörend, sein Auftreten unwiderstehlich. Der Tiger findet sich immer an den angesagtesten Orten der Stadt. Er liebt es, sich zu präsentieren und sein Revier deutlich abzustecken. Doch Tiger sind Einzelgänger, Männchen wie Weibchen. Genauso schnell, wie sie ein Herz erobern, lassen sie es auch wieder fallen, wenn der Reiz des Neuen erst einmal verflogen ist. »Reue« ist für den Tiger ein Fremdwort, Achtung gegenüber anderen auch.

Balu rät: Lassen Sie sich nicht von der Eleganz und der Schönheit eines Tigers blenden. Der schöne Schein trügt. Er frisst Sie mit Haut und Haaren und lässt am Ende nichts von Ihnen zurück als ein jammerndes Häuflein Elend.

Der Alligator/Die Alligatorin

Der Alligator befindet sich immer dort, wo etwas los ist. Single-Treffen in der Hip-Kneipe? Er ist dabei. Doch halten sich Alligatoren im Hintergrund. Geduldig sondieren sie das Terrain und treffen dann ihre Wahl. Sanft schieben sie sich an das Ziel ihrer Begierde heran. Ihre ruhige Art verschleiert die kraftvolle Wendigkeit. Wer morgens in einem fremden Bett aufwacht und sich fragt, wie er so versacken konnte, ist von einem Alligator abgeschleppt worden. Seine gut geplante Romantik verfehlt selten ihr Ziel. Er hinterlässt seine Opfer verwirrt und erschöpft. Doch auch der Alligator hat seine zärtlichen Seiten. Er zeigt diese aber erst, wenn er es wirklich ernst meint. Leider sind nicht alle Alligatoren treu. Dazu macht ihnen ihr Jagdspiel zu viel Freude.

Balu rät: Wem es gelingt, die raue Schale des Alligators zu durchdringen, der kann das Glück haben, sein Herz zu erobern. Spielen Sie sein Spiel, machen Sie sich ab und zu rar, bleiben Sie interessant für ihn. Dann kann eine lange und lebendige Beziehung entstehen.

Der Waschbär/Die Waschbärin

Ob Männchen oder Weibchen – der Charmeur mit der Maske ist ein aktiver Herzensbrecher. Nach einem nächtlichen Abenteuer verschwindet er durch die Hintertür. Die Maske, die er trägt, lässt ihn oder sie unerkannt. Sein wahres Ich bleibt verborgen. Mit geschickten Pfoten und charmantem Lächeln umgarnt er locker und fröhlich flirtend den Partner des Abends. Alle Partygäste finden ihn unwiderstehlich und unterhaltsam, weshalb er gerne eingeladen wird.

Das scheinbar sanfte und kuschelige Auftreten des Waschbären täuscht seine Liebesopfer. Wer glaubt, hier einen treuen und verlässlichen Gefährten gefunden zu haben, findet sich bald verlassen und mit gebrochenem Herzen wieder.

Balu rät: Dieser pelzige Casanova braucht immer wieder aufs Neue Bestätigung durch neue Abenteuer. Wer es mit ihm aushalten will, hat einen steinigen Weg vor sich. Dem Waschbären permanent zu geben, was er verlangt, ist kräftezehrend und oft vergeblich. Also sehen Sie sich lieber nach einem anderen Partner um, wenn es etwas Ernstes sein soll.

Die Antilope

Antilopen sind schüchtern und vorsichtig. Es dauert lange, bis sie sich offenbaren, ganz egal, ob es sich um ein männliches oder weibliches »Tier« handelt. Der Partner einer Antilope sollte stark und sicher sein, den Ton angeben, ohne sie zu unterdrücken. Denn dann können Antilopen bockig werden und eine erstaunliche innere Stärke zeigen. Antilopen sind ehrlich und treu, dabei aber auch misstrauisch. Ihr Vertrauen zu gewinnen ist eine harte, aber lohnende Aufgabe.

Balu rät: Eine Antilope zu erobern erfordert Ausdauer. Ein kleiner Fehler und sie ist schneller weg, als Sie je laufen könnten – es sei denn, Sie sind von gleicher Art. Wer eine Antilope zum Partner hat, wird oft auf überraschende Weise belohnt. Trotz ihrer Schüchternheit ist sie voller Ideen für ein munteres und abwechslungsreiches Liebesleben.

Der Elefant/Die Elefantenkuh

Der Elefant macht einen schwerfälligen Eindruck, doch das täuscht. Er ist schnell, wenn er will, kraftvoll und zielsicher. Auf ihn ist immer Verlass. Er ist ein ausgesprochenes Herdentier und immer bemüht, die Gruppe bei Laune zu halten. Auf

Partys sorgt er für die guten Witze und die geschmackvolle Unterhaltung. Der Elefant erobert nie voreilig. Er wägt ab, ist dann allerdings nicht mehr zu bremsen. Wenn er sich bindet, ist es einmal und für immer. Halbe Sachen sind nicht sein Ding. Für seine Familie nimmt er jede Mühe in Kauf. Er ist zärtlich, stark und ausdauernd: ein idealer Partner für eine Familiengründung.

Balu rät: Wer Stabilität und Sicherheit sucht, vorhersehbar und geplant leben möchte, der ist beim Elefanten gut aufgehoben. Eine Partnerschaft mit ihm ist geprägt von ruhiger Gelassenheit, ohne dabei langweilig zu sein.

Der Löwe/Die Löwin

Anders als der Tiger ist der Löwe ein Familienmensch. Doch da er zu Pascha-Allüren neigt, hält es nur eine ebenfalls starke Persönlichkeit an seiner Seite aus. Der männliche Löwe steht gerne im Mittelpunkt und lässt sich bewundern. Die Löwin weiß, dass sie schön ist. Bestätigung ist für sie Nebensache. Ihre Haltung drückt Selbstsicherheit aus. Für ihre Familie würde sie über Leichen gehen. Beide sind treu bis in den Tod, solange sie ihren Partner achten und bewundern können.

Balu rät: Wer mit einem Löwen umzugehen weiß, der findet in ihm einen verlässlichen Partner. Er ist ein zärtlicher und aufmerksamer Liebhaber, der sich gerne mit seiner Familie schmückt und dabei jedoch zeigt, dass er der Gebieter ist. Wer ihm den Pascha durchgehen lässt, wird bald seine Achtung verlieren und damit auch seine Liebe. Wer sich neben ihm behauptet, findet sich im Paradies.

Um herauszufinden, wer zu Ihnen passt, versuchen Sie sich selbst einzuschätzen. Welche der obengenannten Eigenschaften und Verhaltensweisen treffen auch auf Sie zu? Gegensätze mögen sich zwar anziehen, stehen jedoch einer glücklichen Beziehung letztendlich im Weg. Gemeinsame Interessen und

Gewohnheiten erleichtern es hingegen, gut miteinander auszukommen. Wählen Sie daher einen Partner, der Ihnen selbst
in seinen Lebenseinstellungen ähnlich ist. Balu würde sich nie
eine Waschbärfrau aussuchen oder mit einer Tigerin flirten.
Sicherlich haben Sie diesbezüglich schon ein paar Erfahrungen gemacht.

Der Balu-Tipp Balu rät: »Denk einmal darüber nach,
welchem Tier du deine verflossenen Part-
ner zuordnen würdest.« Landen Sie
immer wieder beim gleichen Typ? Lassen
Sie sich immer wieder umgarnen und enden mit
gebrochenem Herzen?

Liebeskummer gehört ebenfalls in die Kategorie »negativer
Stress«. Er belastet nicht nur Ihren Seelenzustand, er wirkt
sich auch negativ auf Ihre Körperfunktionen aus. Vermeiden
Sie zu viel davon. Auf Dauer fühlen Sie sich ungeliebt und
hässlich, rutschen in negatives Denken und Depressionen ab
und blasen Trübsal. Mit etwas mehr Aufmerksamkeit im Liebesdschungel können Sie die Gefahren besser einschätzen und
Ihr Herz rechtzeitig in Sicherheit bringen.
   Machen Sie den nachfolgenden Test. Er hilft Ihnen herauszufinden, was Ihnen gefällt und worauf Sie Wert legen.

Fertigen Sie einfach drei Fotokopien des Tests an. Füllen Sie
eine aus, indem Sie ankreuzen, welche Eigenschaften Ihr
Traumpartner haben soll. Der zweite Bogen dient Ihrer
Selbsteinschätzung. Den dritten lassen Sie von einem guten
Freund oder einer Freundin ausfüllen. Er/Sie soll ankreuzen,
wie er/sie Sie wahrnimmt. Das kann manchmal zu überra-
schenden Ergebnissen führen. Nicht jeder ist wirklich objek-
tiv bei seiner Selbsteinschätzung.

Test: *Charaktereigenschaften*

Kreuzen Sie Zutreffendes an:

❑ herzlich	❑ künstlerisch	❑ kommunikativ
❑ selbstlos	❑ lebhaft	❑ sportlich
❑ loyal	❑ häuslich	❑ naturverbunden
❑ locker	❑ sachlich	❑ nachdenklich
❑ zurückhaltend	❑ freundlich	❑ chaotisch
❑ sensibel	❑ auffällig	❑ angriffslustig
❑ unordentlich	❑ langsam	❑ unorganisiert
❑ elitär	❑ nachtragend	❑ eifersüchtig
❑ materiell orientiert	❑ depressiv	❑ konventionell
❑ extrovertiert	❑ Partylöwe	❑ tierlieb
❑ selbstsicher	❑ unsicher	❑ schüchtern
❑ schlampig	❑ gepflegt	❑ impulsiv
❑ ehrgeizig	❑ eitel	❑ arrogant
❑ penibel	❑ laut	❑ romantisch
❑ witzig	❑ kühl	❑ gewinnend

Treffpunkt Wasserloch

Es ist Wochenende. Alle treffen sich am örtlichen Wasserloch. Vielleicht, so denken einige der Anwesenden, ist diesmal der Traummann oder die Traumfrau dabei. Doch wie stelle ich den Kontakt her und woher weiß ich, ob der oder die Auserwählte wirklich interessiert ist? Fragen wir Balu!

»Männchen und Weibchen«, so erklärt Balu, »geben eindeutige Signale ab. Damit zeigen sie ihr Interesse oder Desinteresse. Wenn der Giraffenbulle seiner Angebeteten zärtlich den Nacken knabbert, sie aber unwirsch den Kopf schüttelt, ist dies ein klares Zeichen.«

Im Menschendschungel ist das nicht immer so einfach. Wer nicht gern eine deutliche Abfuhr erleiden will, sollte schon genau aufpassen.

Wenn der Mann oder die Frau Interesse hat, erkennen Sie das an folgenden Signalen:

Der Mann ...

- lächelt die Frau an.
- blickt kurz und eindringlich.
- versucht häufig, Blickkontakt herzustellen, und hält ihn dann (bei positiver Resonanz) auch länger als die Frau.
- spricht laut und prahlend.
- berührt sich selbst, z. B. reibt er seine Nasenflügel, richtet seine Krawatte, etc. (derartige Selbstberührungen häufen sich mit wachsender Nähe zur begehrten Person).
- richtet seinen Körper auf.

- steht entspannt und gerade (dabei schiebt er die Hüften vor oder lehnt sich an).
- streckt und dehnt seine Muskeln (er demonstriert dadurch sein Schutzvermögen und macht auf seine Kraft aufmerksam).
- hat eine offene Beinstellung.
- demonstriert seine Männlichkeit (z. B. steckt er seine Hände in die Hosentaschen oder in den Gürtel; er hat den Oberkörper leicht zurückgeneigt).
- dreht den Oberkörper zur Frau (»Hinwendung«) und schirmt mit dem Rücken die Umgebung (z. B. andere Männer) ab.

Die Frau ...

- hat weit geöffnete Augen.
- legt den Kopf zur Seite.
- zeigt ein Verlegenheitslächeln mit abgewandtem Gesicht.
- schlägt ihre Beine in seine Richtung übereinander (die Fußspitzen deuten auf ihn).
- hat ihre Beine leicht gespreizt und etwas vom Körper weggeschoben.
- berührt sich selbst, sie streicht z. B. ihre Haare nach hinten, spielt mit den Haarspitzen, fasst sich an ihre Halskette etc. und streicht sich über Schenkel und Brust.
- beugt sich mit ihrem Oberkörper nach vorne.
- reagiert auf seine witzigen Bemerkungen mit lautem Lachen.
- sorgt für Blickkontakt.
- lächelt ihm mit offenem Mund zu, leckt sich die Lippen.
- gestikuliert häufig während des Sprechens.
- wirft ihren Kopf nach hinten.
- zeigt ihren Nacken (eine vorzeitliche Geste der Unterordnung).
- verschränkt beide Arme hinter dem Kopf.

Wenn der/die Angebetete Körperbewegungen macht, die Distanz schaffen, sich abwendet, nach anderen Gesprächspartnern guckt oder eine starre Körperhaltung einnimmt, ist kein Interesse vorhanden und alle Mühe wäre vergebens.

Doch wie ins Gespräch kommen, wenn wirklich Interesse signalisiert wird?

Anmachsprüche sind nicht nur in Balus Dschungel out. Wer sein Gegenüber nicht kennt und nicht weiß, wofür es sich interessiert, hat hier gleich einen einfachen Einstieg. Bleiben Sie ehrlich: »Ich würde mich gerne mit Ihnen unterhalten. Wofür interessieren Sie sich denn?« ist doch ein prima Anfang. Achten Sie darauf, nicht zum Alleinunterhalter und Selbstdarsteller zu werden. Das Gespräch sollte ausgewogen von beiden bestritten werden. Oft bestimmt auch die Situation das Thema. Eine verpasste Bahn, eine Schlagzeile am Zeitungskiosk, ein Buch, das der Andere gerade in den Händen hält – versuchen Sie es einfach. Und haben Sie keine Angst vor dem Schweigen. Gemeinsames Schweigen schafft mehr Nähe, als allgemein vermutet wird – allerdings sollte die Bekanntschaft nicht damit beginnen. Sammeln Sie Ihren Mut und denken Sie daran: Wer Sie nicht kennenlernen will, hat eine Gelegenheit verpasst, einen wunderbaren Menschen zum Freund zu gewinnen!

Auch wenn Sie innerlich ganz aufgeregt sind, fragen Sie nach einer Möglichkeit, sich wiederzusehen. Der Gesprächspartner ist wahrscheinlich genauso aufgeregt, wenn Sie ihm gefallen. Das ist positiver Stress! Er belebt und setzt Endorphine (Glückshormone) frei.

Der Balu-Tipp Balus Tipp: »Geh es gelassen an. Wer unbedingt beim anderen Geschlecht landen will, wirkt oft verkrampft. Darunter leidet dein natürlicher Charme. Gelassenheit jedoch wirkt anziehend in einer hektischen Welt.«

Werden Sie die süßeste Frucht im Dschungel

Wer im Liebesdschungel erfolgreich sein will, der sollte einige Empfehlungen beherzigen. Balu, der oft als stiller Beobachter amüsiert die Bemühungen beiderlei Geschlechts betrachtet, ist zu einigen interessanten Schlussfolgerungen gekommen:

Bei den Tieren ist es häufig das Männchen, das sich schön macht und seine Schönheit präsentiert. Es zeigt, was es zu bieten hat. Die Weibchen machen dazu ihre Komplimente und treffen unter den Schönen, Starken oder Geschickten (je nach Tierart) ihre Wahl. Die Männchen nehmen die Komplimente an und erobern so die Herzen der Weibchen.

Bei den Menschen scheint es anders zu sein. Dass es hier die Weibchen sind, die sich herausputzen, ist Balu schon aufgefallen. Doch was ihn irritiert, ist, dass viele Weibchen Komplimente nicht zu würdigen wissen. Sie spielen die gepriesene Qualität herunter, anstatt einfach »Danke, wie nett« zu sagen. Dadurch fühlt sich aber das Männchen, das die Komplimente macht, in seiner eigenen Würde herabgesetzt. Wer als Frau also die Komplimente eines Mannes nicht annimmt, dem werden bald keine mehr gemacht werden.

Wenn Mann also sagt: »Eine schöne Bluse tragen Sie«, dann bitte nicht antworten: »Ach die, die ist schon uralt.« Die richtige Antwort heißt: »Danke. Ich trage sie auch gerne.« So fühlt sich Mann angenommen und Frau findet sich schön. Damit wächst das Selbstwertgefühl, und nur wer ein gesundes Selbstwertgefühl hat, kann sich auch anziehend und begehrenswert finden. Wenn Sie sich selbst nicht mögen, dann strahlen Sie das aus und niemand wird sich in Sie verlieben.

Tendieren Sie manchmal dazu, ungepflegt und in abgetragenen Jeans herumzulaufen? Mögen Sie sich, wenn Sie meckern, unzufrieden sind und Ihr Singledasein beklagen? Nein? Nun, dann ändern Sie etwas! Machen Sie sich selbst begehrenswert! Gönnen Sie sich eine Pflegestunde. Kaufen Sie sich mal etwas Schönes. Es muss gar nicht teuer sein. Edle Kleidungsstücke sind auch in einem guten Second-Hand-Geschäft günstig zu bekommen. Wer Talent hat, schneidert sich die neueste Mode selbst.

Im Dschungel werden stets die süßen, glänzenden, bunten Früchte gepflückt. Die sauren bleiben übrig. Verwandeln Sie sich in solch eine süße Frucht.

Der Balu-Tipp

Balus erster Rat: Seien Sie mit sich selbst zufrieden. Wenn Sie gut mit sich allein sein können, wenn Sie mit sich zufrieden sind, dann strahlen Sie dies aus. Sie wirken interessant. Eine Frau oder ein Mann, die nach außen tragen, wie sehr sie sich einen Partner wünschen, wirken allein durch diese Art der Ausstrahlung auf andere bedrängend. Wer Sie kennenlernt, möchte nicht gleich in allen Lebensbereichen mit Beschlag belegt werden. Wer auch mal Nein zu einer Verabredung sagt und einen Abend gern allein verbringt, wirkt wie ein seltener Edelstein. Er ist super begehrenswert.

Balus zweiter Rat: Fühlen Sie sich attraktiv. Wer sich attraktiv fühlt, ist attraktiv. Schließen Sie die Augen und erinnern Sie sich an eine Situation, in der Sie sich attraktiv und begehrenswert fanden. Lassen Sie die Erinnerung immer deutlicher werden: die Bilder, die Töne, die Geräusche und das Gefühl, attraktiv zu sein. Es spielt keine Rolle, ob sie noch ein Kind waren, z. B. in einer Faschingsverkleidung. Wichtig ist nur, sich das Gefühl auf vielen Ebenen zu verdeutlichen. Halten Sie das Gefühl und stellen Sie sich nun Ihr Gesicht im Spiegel vor. Verbinden Sie das Bild Ihres Gesichts auf diese Weise mit dem Gefühl der Attraktivität. Wenn Sie dies ein paar Mal wiederholen, wird sich das Gefühl, attraktiv zu sein, wirklich einstellen, wenn Sie in den Spiegel gucken. Nehmen Sie dieses Gefühl mit in Ihre Tagträume. Treffen Sie Ihren Wunschpartner auf diese Weise. Sie werden sich attraktiv fühlen, wenn Sie ihm oder ihr wirklich begegnen.

Balus dritter Rat: Lieber allein sein als gemeinsam unglücklich!

Wer glaubt, nur mit einem Partner glücklich sein zu können, der begeht leicht den Fehler, sich zu binden, um nicht allein sein zu müssen. Doch über kurz oder lang wird diese Bindung wieder in eine Enttäuschung münden. Die Voraussetzung für diese Bindung war einfach falsch. Viele junge Ehen werden unter falschen Voraussetzungen geschlossen. Zu zeigen, dass Mann/Frau erwachsen ist und Entscheidungen treffen kann, familiäre Erwartungen zu erfüllen oder wirtschaftliche Vorteile erzielen zu wollen sind nur drei der Gründe, die ins Unglück führen können. Eine Beziehung kann nur funktionieren, wenn man den Partner als eigenständige Persönlichkeit achtet, sich selbst wertschätzt und die Beziehung nicht aus zweifelhaften Gründen eingegangen worden ist.

Es ist laut im Dschungel

Wer Balu in seinem Dschungel besucht, wird überrascht sein, wie laut es dort zugehen kann. Aus den Baumwipfeln tönen verschiedene Tierstimmen. Affen, Vögel, sogar Insekten sorgen für jede Menge Krach. Sogar in der Nacht ist ein munteres Zwitschern, Flöten und Kreischen zu hören. Die Dschungelbewohner vertragen diesen Lärm. Er gehört zu ihrem natürlichen Umfeld.

Anders ist es im Dschungel der Menschen. Der künstlich erzeugte Lärm von Autos, Zügen, Flugzeugen, Maschinen und Musik belastet uns stark. Wir sind umgeben von Dauerlärm, der Stress verursacht. Unsere Warnsysteme, die Ohren, können wir nicht verschließen. Unser Gehirn muss permanent unterscheiden, ob die vielfältigen Geräusche auf eine Gefahr hinweisen oder nicht. Durch Lärm verursachte Schwerhörigkeit ist die häufigste Berufskrankheit in Deutschland. Schlafstörungen und psychosomatische Erkrankungen folgen dem auf dem Fuße. Schon Kinder leiden in Kindergärten und Schulen unter zu viel Lärm, ihre Betreuer natürlich genauso. Konzentrationsstörungen und Lernschwierigkeiten sind häufig lärmbedingt.

Doch nicht nur richtiger Krach belastet. Auch das permanente Summen einer Klimaanlage oder die Dauerberieselung mit Musik im Supermarkt ist Stress für diejenigen, die diesen Geräuschen den ganzen Tag ausgeliefert sind. Wer sich am Abend ausgelaugt fühlt, unter Kopfschmerzen leidet oder den Appetit verliert, der ist zu vielen unnatürlichen Geräuschen ausgesetzt, die krank machen. Als vor zwanzig Jahren der Walkman erfunden wurde, hat niemand mit den gesundheitlichen Folgen gerechnet, die dieses Gerät auf die Hörfähigkeit von Jungendlichen haben würde. Laut einer Studie der Bundeszentrale für gesundheitliche Aufklärung (BzgA) haben heute etwa achtundzwanzig Prozent aller zwanzigjährigen

Bundesbürger einen Hörverlust von fünfundzwanzig Dezibel und mehr.

Auch die Fähigkeit, auf seine innere Stimme zu hören, ganz bei sich selbst sein zu können, nimmt drastisch ab. Der äußere Lärm lenkt vom Inneren ab. Mancher glaubt, die Stille gar nicht ertragen zu können.

 Balu schlägt vor: »Sorg dafür, dass du nicht den ganzen Tag unnatürlichen Geräuschen ausgesetzt bist!«

Lassen Sie am Abend den Fernseher und das Radio aus. Wenn Sie an einem lauten Arbeitsplatz tätig sind, tragen Sie einen Gehörschutz. Ist das nicht möglich, verbringen Sie Ihre Pause an einem ruhigen Ort. Häufig sind Betriebskantinen sehr laut. Sollte es möglich sein, essen Sie öfter mal auswärts.

Balu zieht sich gerne von Zeit zu Zeit in seine Bärenhöhle zurück. Hier hört er nur sich selbst. Er kann ganz aufmerksam seine Konzentration nach innen lenken. So erkennt er schnell, ob er ein ganz persönliches Bedürfnis vor lauter Krach und Arbeit mit seinen Schülern übersehen hat. In der Stille findet er zu sich zurück und kann neue Kräfte tanken.

Darum machen Sie es wie Balu: Ziehen Sie sich von Zeit zu Zeit in Ihre stille Höhle zurück.

Übung: *Stille erfahren*

Für diese Übung benötigen Sie Ohrenstöpsel, um die Geräusche aus der Umgebung auszublenden. Machen Sie es sich in einem Sessel oder auf dem Sofa bequem. Noch sind die Ohren unverstöpselt. Schließen Sie die Augen und hören Sie auf die Geräusche aus der Umgebung. Konzentrieren Sie sich abwechselnd auf einzelne Geräusche; isolieren Sie jeweils eines von den anderen. Versuchen Sie, eine Minute lang nur dieses eine Geräusch zu hören, bevor Sie sich auf ein neues konzentrieren.

Nach etwa zehn Minuten verstöpseln Sie die Ohren so dicht es geht. Hören Sie nun auf die Stille. Versuchen Sie, die Stille im Raum wahrzunehmen. Es macht nichts, wenn das nicht gleich beim ersten Mal gelingt. Sie werden wahrscheinlich Ihr Blut in den Ohren rauschen oder Ihren Herzschlag hören. Was hören Sie noch? Hören Sie eine Weile nach innen. Es ist möglich, dass Ihnen diese Übung zuerst etwas unangenehm ist, weil Sie die Stille und die Nähe zu sich selbst nicht gewohnt sind. Lassen Sie sich davon nicht abschrecken. Sie werden erstaunliche Erfahrungen machen.

Vorsicht Schlange:
die Verführung zum Nichtstun

Christa ist anders, Christa kennt keine Hektik. Sie geht langsam, sie spricht langsam, alles, was sie tut, geschieht bedächtig – wenn sie überhaupt etwas tut. Christa hat sich vorgenommen, dem wilden Dschungel zu entkommen. Sie hat sich eine Höhle geschaffen, in der nichts schnell und spontan geschieht. Meistens liegt Christa auf ihrem Sofa. Dort liest sie oder sieht fern. Sie will einfach nichts tun. Sie schwört auf Gemütlichkeit. Natürlich geht Christa zur Arbeit. Von irgendetwas muss sie ja leben. Doch auch dort macht sie nur das Nötigste. Die Kollegen beschweren sich oft über ihr fehlendes Engagement. »Immer ruhig und gemütlich. Nur nicht hetzen«, antwortet sie dann und lässt sich nicht aus der Ruhe bringen. Für wirklich wichtige und eilige Dinge wendet man sich besser nicht an Christa, sondern erledigt das selbst. Zu Hause hält sie es ebenso. Daher ist es bei Christa immer ein bisschen unordentlich. Sie wendet möglichst wenig Energie auf, egal für was.

Ist das nun die Gemütlichkeit, die Balu uns gerne vermitteln möchte?

Nein. Christa wurde von der Schlange hypnotisiert. So wie die Affen, die dem starren Blick und den zischenden Tönen der Schlange Kaa erlagen und sich nicht mehr bewegen konnten, so ergeht es Christa. Ihre Schlange heißt »Leben«. Wenn wir uns auf das Leben mit all seinen Facetten einlassen, kann es auch mal hektisch werden. Es mag sein, dass ein Sturm uns beutelt, die Affen uns verschleppen, jemand uns an eine Liane bindet und durch die Luft schleudert; es kann passieren, dass wir uns einem wilden Tiger gegenübersehen und uns verteidigen müssen, um zu überleben – doch all das gehört zum echten Leben dazu. An diesen Erfahrungen reifen wir. Wir erproben und verbessern unsere Fähigkeiten, mit all den

Überraschungen des Dschungelalltags fertig zu werden. Wenn wir erstarren wie Christa, bleiben wir in unserer persönlichen Entwicklung stehen. Christa verwechselt Gemütlichkeit mit Nichtstun. Nichtstun ist eine Falle, in der wir uns selber fangen. Nun können sich die Tiger, Schlangen und Affen über uns hermachen. Wir sind wehrlos. Denn wenn wir in der Nichtstun-Falle sitzen, treffen andere auch die Entscheidungen für uns. In Christas Fall entschied der Chef, dass er eine Angestellte, die offensichtlich nicht engagiert ist und eher wie ein Bremsklotz wirkt, die durch ihre Langsamkeit die Arbeit der anderen behindert, nicht gebrauchen kann. Christa war überflüssig und wurde bei passender Gelegenheit entlassen. Aus der Falle des Nichtstuns heraus wird Christa kaum eine neue Stelle finden. Hier führt ein minimaler Aufwand selten zum Erfolg. Christa muss sich also aus dem Bann der Schlange befreien und lernen, wieder aktiv zu werden. Das bedeutet nicht, dass sie nun in einen hektischen Tätigkeitswahn verfallen soll.

Der Balu-Tipp Balu würde sagen: »Runter vom Sofa – rein in die Gemütlichkeit.« Es ist wichtig, die Gemütlichkeit im Leben zu erhalten. Gemütlichkeit bedeutet aber nicht, nichts zu tun. Gemütlichkeit heißt, aus aller Hektik und Anstrengung immer wieder zur Ruhe zurückzufinden. In der Gemütlichkeit finden wir uns selbst.

Hektischer Aktionismus und träges Nichtstun ersticken unsere Lebendigkeit. Gemütlichkeit ist aber eine ganz lebendige, bewusst gelebte Angelegenheit. Vom Faulsein fehlt hier jede Spur. Wer dies verwechselt, gerät leicht in einen negativen Kreislauf, der immer tiefer abwärts führt. Die betörenden Töne der Schlange lähmen immer mehr, bis wir so schlapp und energielos sind, dass wir nichts mehr tun können. In der medizinischen Fachsprache würden wir von einer Depression sprechen.

Lebensrhythmus im Dschungel

Der Mensch ist ein rhythmisches Wesen. Er lebt und wird belebt durch den Wechsel von Aktion und Ruhe, von wachen und schlafen. Wenn wir wach sind, sind wir aktiv und bewusst. Wir handeln überlegt (oder etwa nicht?). Der Körper ist in Bewegung, die Köperfunktionen laufen sozusagen im Tagesbetrieb. Der Schlaf bringt Ruhe. Der Geist findet in Träumen die Möglichkeiten, Tageserlebnisse zu verarbeiten. Dieser Rhythmus ist überlebenswichtig. Wer von der Schlange hypnotisiert wird und in die Falle des Nichtstuns gerät, wird müde. Aber bald kann er nachts nicht mehr schlafen. Da die Tagesaktivität fehlt, ist der Rhythmus gestört. Genauso verhält es sich, wenn Sie sich den Affen ergeben und ruhelos durch die Bäume toben. Zuerst fallen Sie in einen erschöpften Schlaf. Doch je mehr Sie ihre Kräfte auszehren, desto schwerer fällt es Ihnen, nachts zur Ruhe zu kommen. Obwohl Sie total übermüdet sind, kann der Schlaf nicht kommen oder ist häufig unterbrochen. Sie träumen unruhig, Ihr Körper ist am Morgen nicht erholt, sondern Sie fühlen sich wie zerschlagen.

Balus Tipps für einen gesunden Schlaf

Schlaf ist lebenswichtig. Ohne ihn funktionieren weder Körper noch Geist. Ein gesunder Lebenswandel und ausgewogene Ernährung sind Grundvoraussetzungen für einen guten Schlaf. Balu schläft gerne. Doch achtet er auch darauf, nicht zu viel zu schlafen. Zu viel Schlaf macht träge und müde. Er bringt also genau das Gegenteil von dem, was ein gesundes Maß bewirkt. Ein erholsamer Schlaf fördert die Konzentration und Aufmerksamkeit am Tag. Er bringt neue Lebensenergie und Lebensfreude.

Balu rät, erst schlafen zu gehen, wenn Sie müde sind. So wälzen Sie sich nicht schlaflos im Bett, das Bett wird nicht zum Feind. Negative Erwartungen dem Schlaf gegenüber können diesen ebenso beeinträchtigen wie der Konsum von schweren Nahrungsmitteln und Koffein am Abend. Essen Sie also leicht – Brot ist schwer verdaulich, gedünstetes Gemüse oder eine Suppe wären zu empfehlen – und verzichten Sie auf koffeinhaltige Getränke. Nikotin wirkt anregend und kann aufgrund von Entzugserscheinungen den Nachtschlaf unterbrechen; auch Alkohol kann den Schlaf erheblich stören: Da er die Gehirnaktivität bremst, fördert er das Einschlafen; doch kommt es unter Alkoholeinfluss eher zu Albträumen und Schweißausbrüchen, die sich negativ auf die Schlafqualität auswirken.

Bewegungsmangel ist häufig ein Grund für Schlafstörungen. Auch ein Mangel an frischer Luft im Verlauf des Tages behindert den Schlaf. Darum macht Balu selbst bei schlechtem Wetter gerne noch einen Abendspaziergang. So kann er seine Gedanken an die Tagesereignisse besser sortieren. Sie verlieren an Kraft und stören nicht mehr beim Einschlafen. Anstrengender Sport kann am Abend zu einer zu starken Erschöpfung führen und damit ebenfalls den Schlaf behindern. Powern Sie also mit einem Abstand von mindestens zwei Stunden zu Ihrer Schlafenszeit, damit noch Zeit bleibt, etwas zu regenerieren.

Auch die Schlafumgebung spielt eine wichtige Rolle. Balu hat es in seiner Höhle schön schummrig. Es ist auch recht still, sodass ihn kein Lärm im Schlaf stören kann. Sein Bett ist genau für seinen bärigen Körper geschaffen. Achten auch Sie auf eine angenehme Schlafatmosphäre. Der Raum sollte nicht zu warm und nicht zu kalt sein, die Matratze die schweren

Bereiche des Körpers optimal stützen, sodass die Wirbelsäule ihre natürliche Haltung wahren kann.

Wer unter Schlaflosigkeit leidet, sollte vermeiden, auf die Uhr zu sehen. Das Verfolgen der Zeit führt zu Stress, der das Einschlafen weiter behindert. Balu spielt dann mit seinen Augen das Spiel: »Ihr dürft nicht schließen«. Er versucht also, seine Augen offen zu halten und nicht zu blinzeln. Mit der Zeit werden die Augen immer schwerer. Fallen sie dann doch zu, ist auch der Schlaf da.

Die meisten Menschen werden durch unbewältigte Tagesereignisse vom Schlaf abgehalten. Gedanken überfluten das Gehirn nun, wo Ruhe da ist. Balu passiert das auch manchmal. Besonders, wenn einer seiner Schüler ihm Sorgen macht. Eine Möglichkeit, sich davon zu befreien, ist das »Abendbuch«. Nehmen Sie sich am Abend etwas Zeit in Stille. Lassen Sie Ihren Gedanken freien Lauf. Nach einer Weile werden Sie feststellen, dass Ihre Gedanken sich an einem Thema »festbeißen«. Diese Gedanken notieren Sie im Abendbuch. So können Sie sie loslassen, ohne zu befürchten, Wichtiges am nächsten Tag nicht zu erinnern.

Sollte die Nacht doch einmal sehr kurz sein, dann machen Sie sich darüber keine Sorgen. Sie hätten sonst noch weniger Schlaf. Denken oder sprechen Sie: »Jeder Schlaf ist so lang, wie ich ihn brauche, um erfrischt zu erwachen.«

Der Balu-Tipp Balu rät: »Das Bett ist zum Schlafen da. Arbeit gehört nicht hinein!« Wenn Sie sich also Arbeit mit nach Hause bringen, erledigen Sie diese an einem Platz, der innerlich »Arbeit« signalisiert. Das Bett gehört Ihnen zur Erholung und für schöne Stunden mit dem Partner.

Ein Streit sollte beigelegt sein, bevor Sie ins Bett gehen. So bleibt der Streitstress draußen und der Schlaf wird nicht von negativen Gefühlen wie Groll oder Trauer belastet. Gerne macht Balu die Tagesabschlussmeditation.

Übung: *Die Tagesabschlussmeditation*

Schließen Sie die Augen und atmen Sie einige ruhige und tiefe Atemzüge. Lassen Sie Ihre Gedanken einmal durch die Ereignisse des Tages wandern. Beginnen Sie am Morgen und betrachten Sie sich im Tagesverlauf. Wenn Ihre Gedanken bei Ereignissen und Personen hängen bleiben wollen, bleiben Sie gelassen. Denken Sie: »Ich lasse Dich los. Für Dich ist morgen Zeit genug.« Verfahren Sie so mit allen Ereignissen des Tages. Ist ein Gespräch nicht befriedigend abgeschlossen, spüren Sie nach, ob Sie nach dieser Übung ein paar Gedanken notieren wollen. Wenn Sie dann am Abend angekommen sind, hat sich Ihr Geist entspannt, Ihr Körper hat einen Teil seiner Anspannung abgegeben. Wenn Sie von aufregenden Gefühlen belastet werden, schauen Sie sich das Kapitel *Balus letztes Geheimnis* (siehe S. 146) an. Dann finden Sie zu einem gesunden und erholsamen Schlaf.

Mit Balu das richtige Maß finden

Wie Sie mit zu viel Aktivität und Hektik umgehen und zu mehr Gelassenheit und Gemütlichkeit finden, hat Balu Ihnen in den vorangegangenen Kapiteln schon erklärt. Doch wie ist es mit der Nichtstun-Falle?

Überlegen Sie, warum Sie dazu neigen, nichts zu tun. Handelt es sich in Ihrem Fall um eine Vermeidung? Dann gucken Sie noch einmal in das Kapitel *Richtig ankommen – sich den Anforderungen stellen* auf S. 24 ff. Fragen Sie sich bitte, warum Sie vermeiden, zu leben:

- Was macht Ihnen Angst?
- Was gewinnen Sie durch das Nichtstun?
- Was könnten Sie verlieren, wenn Sie doch aktiv werden?

Besonders die letzte Frage ist von Bedeutung. Hier liegt häufig die Ursache für das Nichtstun verborgen. Wenn Sie z. B. antworten: »Ich verliere meine Ruhe«, wäre zu überlegen, worauf dieser Glauben beruht. Wurde Ihnen im Elternhaus vielleicht vorgelebt, dass Aktivität immer zu Unruhe und Stress führt? Vielleicht wissen Sie auch nicht, wie Sie Aktivität so organisieren, dass Sie stressfrei bleiben. Dann schauen Sie sich *Balus Schlender-Landkarte* auf S. 86 an. Sie hilft, Aufgaben so zu organisieren, dass genug Zeit für Gemütlichkeit bleibt. Auch Balus Erklärungen zum Umgang mit den inneren Stimmen, die uns ihre Weisheiten aufschwatzen wollen (Seite 91 f.), können Ihnen weiterhelfen.

✄ Runter vom Sofa!

Motivieren Sie sich, vom Sofa herunterzukommen. Basteln Sie sich eine Karte mit dem obengenannten Spruch von Balu: »Runter vom Sofa – rein in die Gemütlichkeit«.

Nehmen Sie sich ganz bestimme Dinge fest vor und belohnen Sie sich dafür, diese erledigt zu haben. Nutzen Sie die Wirkung positiver Leitsprüche (Affirmationen), zum Beispiel: »Aktiv und munter finde ich leicht zur Gemütlichkeit.«
   Auf Ihrer Reise durch den Dschungel des Lebens hat Balu Ihnen eine Menge Geheimnisse anvertraut.
   Doch ein Geheimnis hat Balu Ihnen noch nicht verraten. Sie wissen noch nicht, was der Dschungel und seine Bäume gemeinsam haben mit Ihren Gefühlen und wie Ihnen ein Berggorilla aus emotionalem Stress heraushelfen kann.

Balus letztes Geheimnis

Fangen wir mit einem einzelnen Baum an. An einem Baum kann man leicht vorbeigehen. Er behindert weder den Weg noch den Blick nach vorn maßgeblich. Er ist eher eine kleine Unannehmlichkeit. Ein ganzer Wald ist jedoch viel schwerer zu überwinden. Ein negatives Gefühl, z. B. Unsicherheit, wird von einem einzelnen Baum repräsentiert. Eine kleine Unsicherheit lässt sich noch überwinden. Auch eine kleine Angst, ein einzelner Groll, ein bisschen Wut sind nicht weltbewegend. Doch ein Baum blüht und verteilt seine Samen, ein Wald entsteht. So ist es auch mit negativen Gefühlen (Gott sei Dank auch mit positiven!). Aus einer Unsicherheit werden mehrere, sie beginnen einen kleinen Wald zu bilden, erweitern sich, werden vielleicht zu Angst und fangen an, Ihr Leben zu beeinträchtigen.

Der Groll, den Sie eventuell gegen Ihren Bruder hegen, dämpft ihre Möglichkeit, innerlich frei und unbeschwert zu sein. So ist es mit allen negativen Gefühlen. Sie beeinträchtigen unsere Lebensfreude und unsere Fähigkeit, ganz wir selbst zu sein.

Balu traf eines Tages einen Gorilla, der sich immer wieder auf die Brust trommelte. Obwohl er mit den Affen des Dschungels sonst nicht verkehrt, fragte er den fremden Gorilla, was das Trommeln soll. Dieser erklärte, dass das Trommeln auf die Brust ihm ein Gefühl von Stärke gäbe. Balu hat es ausprobiert und später auch Mowgli beigebracht.

Testen Sie selbst:

Übung: *Das Thymusklopfen*

Die Thymusdrüse ist der Sitz unserer Lebensenergie. Wenn diese Drüse gut funktioniert, fühlen wir uns gesund und kraftvoll. Unsere körpereigene Abwehr ist gestärkt und wir sind leistungsfähiger. Mit zunehmendem Alter beginnt die

Thymusdrüse zu schrumpfen. Durch das Klopfen halten wir sie fit. Wenn wir den Thymus beklopfen, können wir negative Gefühle wie Angst, Nervosität und Unsicherheit reduzieren.

Klopfen Sie mit den Fingerspitzen, der flachen Hand oder der Faust locker und rhythmisch auf die Thymusdrüse. Sie sitzt etwa eine Handbreit unterhalb der Halskuhle.

Wenn Sie mögen, sprechen Sie dazu Sätze wie »Ich bin konzentriert und aufmerksam« oder »Auch wenn ich mich gerade unsicher fühle, bin ich völlig in Ordnung«. Der amerikanische Psychiater John Diamond setzt das Thymusklopfen regelmäßig in seiner Therapie ein.

Es existiert eine Variante des Klopfens, die Hilfe bringt, wenn das normale Klopfen versagt: Klopfen Sie mit den Fingern einer Hand gegen den Uhrzeigersinn um den Thymus herum.

Nutzen Sie die Wirkung dieser Übung und fällen Sie die Bäume, die Ihnen im Weg stehen. Sie werden feststellen, je lichter der Wald wird, desto einfacher ist es, negative Gefühle loszulassen. Ist Ihr Stresslevel sehr hoch, beklopfen Sie einfach zusätzlich folgende Körperbereiche:

- vom Brustbein aus aufwärts über das Kinn zur Oberlippenmitte
- die Arme unterhalb der Handgelenke
- den unteren Rand des Hinterkopfes
- (mit der flachen Hand sanft, aber spürbar) oben auf den Scheitel, wo der Kopf sich nach hinten rundet

Atmen Sie dann ganz tief ein und pusten Sie den Atem durch den Mund kraftvoll aus. Damit lösen Sie Spannungen in Ihren Meridianen, den Energiebahnen Ihres Körpers. Bei Stress, Ärger, Angst, Wut und anderen belastenden Emotionen liegt immer eine Störung der Meridiane vor.

Die Tiere im Dschungel gehen, wie Balu, einfach nach ihrem Instinkt – dem »Bauchgefühl«. Machen Sie es doch genauso.

Lernen Sie zu spüren, was Ihnen gut tut. Hören Sie auf Ihren Bauch, wenn der Stress überhand nimmt und warten Sie nicht, bis das Ohr Sie anschreit und Ihnen z. B. mit einem Hörsturz verdeutlicht, dass das Ende der Fahnenstange erreicht ist.

Das Leben im Dschungel ist bunt. Es kann laut und wild sein. Doch finden sich immer wieder ruhige Lichtungen, auf denen wir das Dasein genießen und wieder zurück zur Gemütlichkeit finden können. Ich bin sicher, mit Balus Unterstützung sind Sie bald ein Meister in Ihrem Dschungel – Versuchen Sie es einfach mit Gemütlichkeit.

Ihre Andrea Christiansen

Literatur

Weitere Veröffentlichungen der Autorin

Ayurveda, Bindlach 2007.
Alles Yoga!, Stuttgart 2006.
Nimm Dein Leben selbst in die Hand, Norderstedt 2006.
Flirten. Kreuzlingen/München 2005, [unter dem Pseudonym
    »Dr. A. Date«]
Mudras, München ²2008.
Noch mehr Blitz-Yoga, Stuttgart 2005.
Pilates für Zwischendurch, Stuttgart 2005.
Blitz-Yoga, Stuttgart 2004.
Leichter leben mit Yoga, Stuttgart 2004.
YogaPilates, Stuttgart 2004.

Literaturempfehlungen

Benesch, Horst: *Klopf dich gesund*, München 2005.
Dalai Lama XIV: *Glück ist keine Glückssache*. CD, Frankfurt
    2007.
Fensterheim, Herbert und Röthlingshöfer, Christian: *Sag
    nicht Ja, wenn Du Nein sagen willst*, München 2006.
Lauster, Peter: *Das Lauster Lebensbuch*, Düsseldorf 2001.
Storm, Felicitas: *Heilen mit Tönen*, Stuttgart 2006.
Tietze, Henry G.: *Entschlüsselte Organsprache*, München
    1999.

Unsere Ratgeber aus der Reihe »Bewusster leben«

Eva Angewelt: Liebe ist möglich

So finden Sie die große Liebe: Der Ratgeber für alle Fragen der Liebe, mit praktischen Tipps und Fallbeispielen – aus der Erfahrung einer Kartenlegerin.

168 Seiten, ISBN 978-3-485-01127-3

Dieter Mueller-Harju: Das Beste kommt erst noch

Die wahren Wünsche entdecken, einen Neubeginn wagen, Glück und Erfolg finden – so geht's!

184 Seiten, ISBN 978-3-485-01126-6

Richard Witthüser/Bernd Klapproth: Die Wohnungsdiät

Willkommen zu Hause! Dieses Buch zeigt, wie Sie den Krempel zuerst aus Ihrer Wohnung und dann aus Ihrem Leben werfen.

192 Seiten, ISBN 978-3-485-05127-9

Sandra Heim: Das Meerjungfrauenvirus

So befreien Frauen sich von Fremdansprüchen, lernen, Weiblichkeit zu genießen und entwickeln ein authentisches und gesundes Selbstwertgefühl.

160 Seiten, ISBN 978-3-485-05022-7

Linda Deslauriers: Haare im Licht

Für wunderschöne, natürliche Haare: Profitieren Sie von den Erkenntnissen des Hair Balancings.

192 Seiten, ISBN 978-3-485-05124-8

Lesetipp

BUCHVERLAGE
LANGENMÜLLER HERBIG NYMPHENBURGER
WWW.HERBIG.NET

Unsere Ratgeber aus der Reihe »Bewusster leben«

Claudia Hartmann: Rituale zu zweit
Der ultimative, leicht und locker geschriebene Ratgeber für ein glückliches Leben zu zweit.
160 Seiten, ISBN 978-3-485-05023-4

Claudia Hartmann: Rituale zu dritt
Basislektüre für junge und werdende Eltern, die sich bewusst auf das neue Glück zu dritt vorbereiten und Lust und Liebe als Paar bewahren wollen.
160 Seiten, ISBN 978-3-485-05045-6

Doris Iding: Rituale fürs Alleinsein
Meditationen, Rituale und Übungen, die den Weg zu innerer Klarheit und Selbstbewusstsein weisen.
160 Seiten, ISBN 978-3-485-05060-9

Hedwig Kellner: Die Kunst, mit meinem Geld auszukommen
Nützliche Praxis-Tipps und Profi-Tricks, um Geldsorgen loszuwerden.
160 Seiten, ISBN 978-3-485-05044-9

Elke van Eick: Auch Männer haben Wechseljahre
So können Wechseljahre bei Männern bewusst als Lebensumstellung und Chance zur Neuorientierung erlebt werden.
160 Seiten, ISBN 978-3-485-05123-1

Lesetipp

BUCHVERLAGE
LANGENMÜLLER HERBIG NYMPHENBURGER
WWW.HERBIG.NET